LOW CARB

Das grosse Backbuch

LOW CARB

Das grosse Backbuch

Inhalt

Einleitung

Wenig Kohlenhydrate, jede Menge Genuss

Backen ohne Weizenmehl und Zucker

„Low Carb" – kohlenhydratarm – zu essen hat sich weltweit längst als eigene Ernährungsform etabliert. All jene, die etwas für ihre Figur tun wollen, ohne ständig Kalorien zu zählen, finden hier eine Heimat. Sie verzichten beim Mittagessen auf kohlenhydratreiche Beilagen wie Nudeln, Kartoffeln oder Reis, ersetzen das Abendbrot durch leichte Salate oder warme proteinreiche Gerichte und entsagen dem Haferporridge oder Getreidemüsli am Morgen zugunsten von Eiern mit Speck oder frischem Sahnequark.

Aber was tun, wenn Kuchen und Torten, Plätzchen und frische Brötchen so verlockend aus den Bäckereien duften, dass man seine schlanke Taille darüber glatt vergessen könnte? Dann wird es Zeit, sich einmal näher mit dem Thema Low-Carb-Backen zu beschäftigen. Denn dabei werden die Kohlenhydrate in leckerem süßen und herzhaften Gebäck so stark reduziert, dass man genüsslich schlemmen kann, ohne die Low-Carb-Er-

nährung aufzuweichen – und ohne dass die Speckröllchen an Bauch und Hüften je (wieder) auftauchen!

Das Low-Carb-Prinzip

Ab sofort heißt es umdenken, denn Low Carb stellt ihr bisheriges Ernährungswissen auf den Kopf. Die Wissenschaftler, die der Low-Carb-Bewegung angehören, haben herausgefunden, dass es vor allem die Kohlenhydrate sind, die uns dick machen. Die Ernährungspyramide, die Kohlenhydraten in Form von Getreide, Kartoffeln etc. einen bedeutenden Teil auf dem täglichen Speiseplan eingeräumt hat, gilt für sie nicht mehr. Stattdessen sind Proteine und Fette den Kohlenhydraten vorzuziehen, wobei manche die Proteine, andere die Fette bevorzugen. Die Kohlenhydrate werden teils noch in „gute" und „schlechte" Kohlenhydrate unterteilt: Gut sind solche, die in Gemüse und Obst, Kartoffeln und in Vollkorngetreideprodukten enthalten sind – sie dürfen in Maßen genossen werden. Zu den „schlechten" Kohlenhydraten gehören dagegen alle Weißmehle, insbesondere das von Weizen, sowie klas-

sischer Haushaltszucker. Auch beim Zucker unterscheiden manche Low-Carb-Fans zwischen „schlechtem", also raffiniertem Rüben- und Rohrzucker, und „guten" (oder wohl eher besseren) Süßungsmitteln wie Honig, Ahornsirup, Agavendicksaft etc.

Das alles bezeugt: Es gibt nicht die eine Low-Carb-Ernährung, sondern eine Vielzahl an Ausprägungen, denen jedoch eines gemeinsam ist: die Kohlenhydrate in der Ernährung so stark wie möglich zu reduzieren. Wer sich besonders Low-Carb ernähren möchte, der sollte grundsätzlich auch auf den „guten" Zucker und auf Getreideprodukte jeglicher Art verzichten und alternative Süßungsmittel wählen. Generell gilt: Bei einer konsequenten Low-Carb-Ernährung schaltet der Stoffwechsel in den Energiesparmodus und kurbelt so automatisch den Abbau der Fettreserven an.

Low-Carb-Gebäck

Ein Kuchen, gebacken ohne Weizenmehl und Zucker, das klingt erst einmal ein bisschen paradox. Schließlich haben wir seit unserer Kindheit gelernt, dass „Zucker und Salz, Milch und Mehl" zu den sieben Sachen gehört, die einen Kuchen ausmachen. Doch solche Kuchen sind wahre Bomben an Kohlenhydraten und für eine Low-Carb-Ernährung also in keiner Weise geeignet. Das bedeutet aber nicht, dass Low-Carb-Anhänger auf Kuchen und Plätzchen oder eine herzhafte Quiche verzichten müssen, denn kohlenhydratreiches Weizenmehl und Zucker lassen sich durch kohlenhydratärmere Zutaten austauschen. Zwar hat ein Low-Carb-Kuchen immer noch mehr Kohlenhydrate als ein Steak mit Pilzen, aber die Kohlenhydrate sind so weit reduziert, dass sich ein oder zwei Stücke die Woche ohne weiteres in den Ernährungsplan einbauen lassen.

Wenn das ein oder andere Backrezept in diesem Buch einen etwas höheren Wert an Kohlenhydraten aufweist, liegt dies am verwendeten Birkenzucker (Xylit) oder Erythrit. Denn deren Kohlenhydrate sind sog. Zuckeralkohole und keine Kohlenhydrate, die man bei einer Low-Carb-Ernährung mitzählen muss. Beide Süßungsmittel fließen zwar in die Nährwertberechnung mit ein, doch die Zuckeralkohole werden nicht insulinabhängig verstoffwechselt. Das hat den positiven Effekt, dass der Blutzuckerspiegel nicht so stark ansteigt und wieder fällt wie bei „normalem" Zucker. Lästige Heißhungerattacken gehören damit der Vergangenheit an.

Das Backen selbst entspricht im Großen und Ganzen dem des konventionellen Backens – das Resultat nicht ganz. Die Teige sind weicher als die mit Mehl gebackenen, der gebackene Kuchen fluffiger und lockerer als der aus Mehl. Krusten an Brötchen und Brot werden weniger knusprig als bei den konventionellen Backwaren. Zum Backen sollten Sie keine tiefen Formen, die sich nicht an den Seiten öffnen lassen, verwenden – wie etwa Gugelhupfformen. Die Kuchen sind oft recht zart und lassen sich dann nämlich aus den tiefen Formen manchmal nicht stürzen.

Die Zutaten

Es gibt eine Reihe von Süßungsmitteln, Nuss- und Samenmehle sowie ein paar Bindemittel, die das gute Gelingen von Low-Carb-Gebäck sichern. Darüber hinaus spielt Eiweißpulver teilweise beim Low-Carb-Backen eine Rolle. Wir stellen Ihnen die wichtigsten Zutaten vor.

Zuckerersatz

Der gebräuchliche Haushaltszucker (Rüben- oder raffinierter Rohrzucker) besteht zu 100 Prozent aus Kohlenhydraten. Er ist bei Low Carb also definitiv tabu.

Andere Süßungsmittel wie Honig, Agavendicksaft oder Ahornsirup haben einen geringeren Kohlenhydratgehalt – zwischen bis zu 84 g pro 100 g Honig und etwa 65 g pro 100 g Ahornsirup. Aber auch das sind in der Regel zu viele Kohlenhydrate für eine Low-Carb-Ernährung.

Dennoch muss niemand auf Süßes verzichten: Es gibt unterschiedliche Süßungsmittel, Zuckeraustauschstoffe, mit denen man Low-Carb-Gebäck süßen kann:

Erythrit

Erythrit ist ein Zuckeraustauschstoff, ein natürlicher Zuckeralkohol, der in den Pflanzenfasern verschiedener Gemüse- und Obstsorten wie Tomaten, Erdbeeren und Pflaumen vorkommt. Für die Lebensmittelindustrie wird dieser Zuckeralkohol durch die mikrobielle Umwandlung von Kohlenhydraten mittels osmophiler Pilze gewonnen.

Erythrit ist wie Zucker gekörnt, hat das gleiche Volumen wie dieser und besitzt etwa 70 Prozent seiner Süßkraft. Allerdings ist Erythrit schlechter lösbar als Zucker, weshalb Teige länger gerührt werden müssen und gegebenenfalls einzelne Kristalle im Kuchen ungelöst zurückbleiben. Der Geschmack von Erythrit ist süß, mit einem leicht kühlen Nachgeschmack, der im Gebäck jedoch nicht mehr spürbar ist.

Im Vergleich zu anderen Zuckeralkoholen ist der für den menschlichen Körper kohlenhydratfrei verstoffwechselte und sehr kalorienarme Erythrit am besten verdaulich. Weil er zu 90 Prozent bereits im Dünndarm aufgenommen wird, kommt es sehr selten zu Nebenwirkungen wie Durchfall und Blähungen. Erythrit ist für Diabetiker geeignet. Es gibt ihn auch als Puder-Erythrit, der genau wie Puderzucker verwendet werden kann.

Birkenzucker (Xylit)

Auch Xylit ist ein kristalliner Zuckeralkohol, im besten Fall gewonnen aus Birken- oder Buchenholz, denn dann ist seine Qualität am höchsten. Sein Volumen entspricht ebenso dem von normalem Haushaltszucker wie auch seine Süßkraft – zu 100 Prozent. Auch hat Xylit keinen Nebengeschmack, kann allerdings – da er erst im Dick-

„Süßkraut" genannt, gewonnen wird. Seine Süßkraft ist um ein Vielfaches höher als die von Zucker, bis zu 450-fach, daher wird es häufig mit Zusatzmitteln gestreckt, um wie Zucker Verwendung zu finden. Doch Vorsicht: Häufig wird Stevia mit Maltodextrin versetzt – einem Kohlenhydratgemisch. Sie müssen also sehr genau auf die Zutatenliste schauen, um zu sehen, was neben Stevia noch enthalten ist, damit es wie Zucker als kristalline Streusüße eingesetzt werden kann. In Reinform ist es dagegen nicht zum Backen geeignet, weil es durch die enorme Süßkraft nur in minimalen Dosen verwendet werden kann. Dem Teig fehlt somit das Volumen des Zuckers. Auch ist Stevia nicht frei von Nebengeschmack. Wozu es allerdings gut taugt, ist zum Nachsüßen von Teigen. Wenn ein Teig dem eigenen Geschmack nach nicht süß genug ist, kann eine Prise reines Steviapulver dem abhelfen.

darm verarbeitet wird – zu Durchfall und Blähungen führen. Man sollte sich daher nur allmählich an Xylit gewöhnen, ihn beispielsweise zunächst mit normalem Zucker oder mit Erythrit mischen. Wie Erythrit gehört Xylit zu den Kohlenhydraten, die der menschliche Körper insulinunabhängig abbaut und nicht auf direktem Weg zu Glucose verstoffwechselt, wobei Xylit deutlich mehr Kalorien als Erythrit hat. Xylit löst sich ebenso gut wie Zucker, eignet sich sehr gut für Desserts und ist auch in Puderform erhältlich. Es ist ebenfalls für Diabetiker geeignet, da es den Insulinspiegel kaum erhöht.

Stevia

Steviapulver ist ein weißes oder grünliches Pulver, das aus den Blättern der Pflanze Stevia rebaudiana, auch

In diesem Backbuch werden ausschließlich Erythrit und Xylit verwendet, da die Dosierung von Stevia in kleinen Mengen recht schwierig zu handhaben ist. Es empfiehlt sich aber auf jeden Fall, sich langsam an beide Zucker-

austauschstoffe zu gewöhnen und die Kuchen – auch wenn sie kohlenhydrat- und kalorienarm sind – nicht in großen Mengen zu essen. Bei der Umstellung kann man die Zuckeraustauschstoffe zunächst noch mit normalem Haushaltszucker mischen. Das ist nicht ganz low-carb-konform, belastet den Körper aber deutlich weniger. Vor allem dann, wenn man ohnehin gerade erst mit der Ernährungsumstellung beginnt.

Wichtig ist auch zu wissen, dass Xylit in jedem Fall (und Erythrit wahrscheinlich) giftig für Hunde und möglicherweise für Katzen ist. Verschüttetes Xylit muss also, wenn man Haustiere hat, umgehend und gründlich

aufgewischt werden. Gebäck mit Xylit und Erythrit ist für Haustiere absolut tabu.

Mehlersatz

Zucker beim Low-Carb-Backen zu ersetzen ist relativ einfach, Mehl auszutauschen ist schon etwas schwieriger. Den bei Low Carb verwendeten Nuss- oder Samenmehlen fehlt das Klebereiweiß, das Gluten, das einem Teig mit Weizenmehl die Bindung verleiht. Theoretisch könnte das Proteingemisch dazugegeben werden, doch scheiden sich die Geister über seine Verträglichkeit. Klar ist, dass an Zöliakie erkrankte Menschen Gluten nicht vertragen. Etwa 1 Prozent der Bevölkerung leidet darunter. Weitere Glutenunverträglichkeiten sind umstritten; ein negativer Effekt aufgrund gerüchteweiser Unverträglichkeiten des Glutens ist durchaus denkbar. In der Low-Carb-Ernährung aber lässt sich die Teigbindung auch anders – etwa mittels Eiern, Guarkernmehl oder Johannisbrotkernmehl – erreichen.

Je nach Hersteller variieren die Eigenschaften der Nuss- und Samenmehle etwas. Das liegt beispielsweise daran, wie stark ein Mehl entölt ist, ob es mit oder ohne Samenhäutchen verarbeitet wurde etc. Das Backergebnis wird dadurch in der Regel nur geringfügig beeinflusst.

Kokosmehl

Kokosmehl ist eines der wichtigsten Mehle beim Low-Carb-Backen. Es bleibt als Rückstand bei der Gewinnung von Kokosöl zurück. Dafür wird frisches Kokosnuss-fleisch getrocknet und durch Pressen entölt. Der übrig gebliebene Presskuchen wird fein vermahlen und ergibt das Kokosmehl. Kokosmehl ist sehr saugfähig, nimmt also die feuchten Zutaten gut auf und sorgt für einen luftig-lockeren Teig. Es ist äußerst ballaststoffreich und hat nur etwa 9 g Kohlenhydrate pro 100 g. Der leichte Geschmack nach Kokosnuss verleiht dem Kuchen ein feines Aroma.

Mandelmehl

Wie Kokosmehl wird auch Mandelmehl aus dem entöl-ten Presskuchen süßer Mandeln hergestellt, entweder mit oder ohne Samenhäutchen, weshalb es dunkles und helles Mandelmehl gibt. Beide können gleichwer-tig im Teig verarbeitet werden. Auch Mandelmehl nimmt viel Flüssigkeit auf, nicht aber so viel wie Kokos-mehl. Mandelmehl ist nicht gleichzusetzen mit gemah-lenen Mandeln. Letztere sind lediglich gemahlen und enthalten noch ihr gesamtes Öl. Dadurch saugen sie kaum Flüssigkeit auf. Ist im Rezept Mandelmehl ange-geben, so kann es also nicht einfach durch gemahlene Mandeln ersetzt werden und natürlich auch nicht um-gekehrt. Mandelmehl enthält etwa 4 g Kohlenhydrate pro 100 g. Der Geschmack von Mandelmehl ist schwach marzipanähnlich; es passt hervorragend zu süßem Ge-bäck, ist aber auch in herzhaften Quiches und Broten nicht dominant, sodass es sich vielseitig einsetzen lässt.

Süßlupinenmehl

Die einweißreiche Süßlupine gehört zu den Hülsen-früchten; 3,3 g Kohlenhydrate stehen bis zu 41 g Eiweiß in 100 g Mehl gegenüber. Süßlupinenmehl hat einen

beinahe neutralen Geschmack und eignet sich daher für alle Gebäckarten. Das Mehl ist allerdings nicht häufig zu finden; meist steht es nur in den Regalen ausgesuchter Naturkostläden.

Sojamehl

Das entfettete Sojamehl entsteht wie Kokos- und Mandelmehl bei der Gewinnung seines Öls, also in diesem Fall des Sojaöls. Es ist das günstigste der Ersatzmehle und relativ geschmacksneutral, soll allerdings nur in Maßen verwendet werden, weil in ihm noch geringe Mengen jener Toxine, die in der Sojabohne vorkommen, enthalten sind. Man kann aber bis zu 15 Prozent der verwendeten Mehle bedenkenlos durch Sojamehl ersetzen.

Andere Nuss- und Samenmehle

Haselnuss-, Macadamianuss-, Leinsamen-, Hanf- oder Chiamehl – es gibt eine Vielzahl verschiedener Mehle, die sich für die Low-Carb-Ernährung eignen. Das bringt Abwechslung auf den Tisch, hat aber auch seine Nachteile. Zum einen quellen sie alle unterschiedlich stark, weshalb man sie nicht ohne Weiteres gegeneinander austauschen kann, sondern ausprobieren muss, wie sie sich im Teig verhalten. Zum anderen sind die meisten Nuss- und Saatenmehle sehr teuer, weshalb man sich selten alle Mehle anschafft. Mandelmehl kann aber in der Regel zu bis zu 10 Prozent relativ problemlos durch ein anderes Nussmehl ersetzt werden.

Bindemittel

Um das Fehlen des Klebereiweißes von Mehl auszugleichen, können zur Bindung verschiedene Bindemittel eingesetzt werden:

Johannisbrotkernmehl

Johannisbrotkerne sind die Samen des Johannisbrotbaums, einem Hülsenfrüchtler, der vor allem rund um das Mittelmeer und in Vorderasien beheimatet ist. Die gemahlenen Kerne ergeben ein cremefarbenes Mehl, das hauptsächlich aus Polysacchariden, etwas Protein und einigen Mineralstoffen besteht.

Diese Mehrfachzucker können vom menschlichen Körper nur teilweise verstoffwechselt werden und werden daher der Kategorie der Ballaststoffe zugeordnet. Johannisbrotkernmehl kann zwischen dem 80- und 100-Fachen seines Eigengewichts an Flüssigkeit binden, deutlich mehr als Speisestärke. Dadurch sorgt es für eine gute Bindung der Zutaten in einem Teig. Wer beim Backen damit experimentiert, sollte sparsam mit dem Mehl umgehen und sich sehr langsam an die benötigte Menge herantasten. Das Johannisbrotkernmehl ist als Lebensmittelzusatzstoff E410 sogar für Bio-Produkte uneingeschränkt zugelassen und hat nicht nur hohe Bindefähigkeiten, sondern einige gesundheitsfördernde Eigenschaften. So senkt es beispielsweise den Cholesterin- und Blutzuckerspiegel.

Guarkernmehl

Auch das Guarkernmehl ist das gemahlene Produkt einer Hülsenfrucht, der Guarbohne. Das Mehl – das auch als Lebensmittelzusatzstoff E412 bekannt ist – hat noch etwas bessere Bindeeigenschaften als Johannisbrotkernmehl, allerdings nicht dessen gesundheitsfördernde Eigenschaften. Es ist außerdem nur eingeschränkt zugelassen. In Einzelfällen kann es Allergien auslösen, in größeren Mengen verzehrt kann es zu Blähungen und Bauchkrämpfen führen. Diese Wirkung ist bei den Mengen, wie es in Low-Carb-Kuchen verwendet wird, jedoch nicht zu erwarten. Guarkernmehl kann problemlos durch Johannisbrotkernmehl ersetzt werden und umgekehrt.

Sonstige Zutaten

Eiweißpulver

Es gibt einige Low-Carb-Fans, die das Mehl in einem Kuchen mehr oder weniger komplett durch Eiweißpulver ersetzen, also durch das Pulver, das Sportler zum Aufbau von Muskelmasse trinken. Eiweißpulver gibt es in verschiedenen Arten, die wichtigsten sind Whey- (Molkeneiweiß), Soja- und Casein-Protein. Eiweißpulver werden mittlerweile sogar sehr günstig in Drogeriemärkten angeboten, meist in den Geschmacksrichtungen neutral, Vanille und Schokolade. Achten Sie beim Kauf darauf, dass kein Zucker hinzugefügt wurde.

In diesem Buch wird Eiweißpulver teils zur Lockerung und Bindung der Teige, jedoch nie als Mehlersatz eingesetzt. Der Geschmack und die Konsistenz haben bei reinen Eiweißteigen streng genommen nichts mehr mit Gebäck zu tun. Außerdem ist es fragwürdig, ob solches Gebäck noch gesund ist. In Maßen zugeführt, verhilft es dem Kuchen aber zu einer schönen locker-luftigen Konsistenz.

Fette

In diesem Buch wird in der Regel Butter zum Backen verwendet. Viele Low-Carb-Fans schwören vor allem auf Kokosfett – wobei fraglich ist, warum. Es ist durchaus kein schlechtes Fett, aber es bringt immer den Geschmack von Kokos mit – und den möchte man schließlich nicht in jedem Kuchen haben.

Butter stand – wegen der großen Menge an gesättigten Fettsäuren und dem Cholesterin – lange in der Kritik. Doch längst ist wissenschaftlich bewiesen: Der maßvolle Genuss von Butter birgt kein Risiko. Und sie ist einfach geschmackvoller als die meisten anderen Fette.

Wie die Butter, so entsprechen alle anderen Zutaten weitgehend denen des „normalen" Backens. Und deshalb heißt es nun: Genug der Theorie! Die Praxis ist nicht nur wesentlich einfacher, als Sie denken, sie ist auch um ein Vielfaches leckerer. Wir wünschen Ihnen ein gutes Gelingen und viel Freude beim Low-Carb-Backen.

Brot & herzhafte Kuchen

Ofenfrisches für jeden Tag

Kürbis-Eiweißbrot

Für 1 Brot (= 12 Scheiben)

(Kastenform 26 cm lang)

450 g Moschuskürbis, ersatzweise Butternusskürbis (küchenfertig gewogen)

4 Eier

1/2 Tl Salz

Muskat, frisch gerieben

60 ml Olivenöl

300 g Mandelmehl

1 Tl Weinstein-Backpulver

Außerdem

Butter für die Form

Kürbiskerne zum Bestreuen

Zubereitungszeit: ca. 35 Minuten (plus Backzeit)

Pro Brotscheibe ca. 168 kcal/703 kJ
E: 14 g, F: 9 g, KH: 4 g

Den Backofen auf 180 °C vorheizen. Die Kastenform gut einfetten. Den Kürbis waschen, schälen, putzen und abwiegen. Das Kürbisfleisch fein raspeln. Kürbisraspeln, Eier, Salz, Muskat und Olivenöl miteinander verrühren. Das Mandelmehl mit dem Backpulver vermischen und gründlich unter die Kürbismasse rühren. Den Teig in die gefettete Form geben und Kürbiskerne darüberstreuen.

Im vorgeheizten Backofen etwa 1 Stunde 30 Minuten backen, dabei regelmäßig kontrollieren, dass das Brot nicht verbrennt (Stäbchengarprobe nach 60 Minuten Backzeit regelmäßig machen). Gegebenenfalls das Brot mit Alufolie bedeckt fertig backen.

Das Kürbis-Eiweißbrot mindestens 60 Minuten in der Form abkühlen lassen, erst dann daraus lösen.

Mandelmehl

Tomaten-Paprika-Brot

**Für 2 Laibe
(= 24 Scheiben)**
1 rote Paprikaschote
100 g getrocknete Tomaten
400 g Magerquark
6 Eier
80 g gemahlene Mandeln
20 g Mandelmehl
100 g Sesam
60 g gemahlene Leinsamen
2 Tl Weinstein-Backpulver
Salz
etwas Chilipulver

Außerdem
Kürbiskerne zum Bestreuen

Zubereitungszeit: ca. 35 Minuten
(plus Backzeit)
Pro Brotscheibe ca. 96 kcal/403 kJ
E: 6 g, F: 6 g, KH: 3 g

Den Backofen auf Grillfunktion vorheizen. Ein Backblech mit Backpapier auslegen.

Die Paprikaschote waschen, abtrocknen und im Ofen so lange grillen, bis die gesamte Haut schwarz verbrannt ist. Herausnehmen und den Backofen auf 150 °C herunterschalten. Die Paprikaschote in ein feuchtes Tuch wickeln, etwas abkühlen lassen, dann die Haut abziehen und putzen. Das gegrillte Paprikafruchtfleisch in Würfel schneiden. Die getrockneten Tomaten würfeln.

Den Quark und die Eier glatt rühren, dann Mandeln, Mandelmehl, Sesam, Leinsamen und Backpulver einrühren. Die Paprika- und Tomatenwürfel unterheben und mit Salz und Chilipulver abschmecken.

Den Teig in 2 Portionen auf das Backpapier geben und mit feuchten Händen zu Laiben formen. Mit Kürbiskernen bestreuen und die Brote ca. 1 Stunde 10 Minuten backen.

Mandelmehl

Tipp:
Bei diesem Rezept sollten gemahlene Leinsamen verwendet werden, da sie etwas mehr Flüssigkeit binden als geschrotete. Alternativ müsste die Menge des Mandelmehls etwas erhöht werden.

Saatenbrötchen

Für 4 Stück

250 g Sahne-Naturjoghurt
(10 % Fett)
3 Eier
1 Tl Balsamicoessig
100 g Haferkleie
50 g Sojamehl
2 Tl Weinstein-Backpulver
1/2 Tl Johannisbrotkernmehl
20 g Sesam
20 g geschroteter Leinsamen
20 g geschälter Hanfsamen
15 g Sonnenblumenkerne
Salz

Zubereitungszeit: ca. 25 Minuten
(plus Ruhezeit und Backzeit)
Pro Stück ca. 380 kcal/1591 kJ
E: 22 g, F: 22 g, KH: 19 g

Den Backofen auf 200 °C vorheizen. Ein Backblech mit Backpapier auslegen.

Den Joghurt mit den Eiern und dem Essig glatt rühren. Haferkleie, Sojamehl, Backpulver und Johannisbrotkernmehl miteinander vermischen und in die Joghurtmasse rühren.

Die Saaten vermischen, 1 gehäuften Esslöffel davon beiseitestellen, den Rest in den Teig rühren. Den Teig mit Salz abschmecken und 20 Minuten quellen lassen.

Aus dem Teig mit feuchten Händen Brötchen formen und aufs Backblech setzen. Mit einem Messer die Oberfläche einmal einschneiden und die Brötchen mit der Saatenmischung bestreuen. Im Backofen etwa 30 Minuten goldbraun backen.

Sojamehl

Johannisbrot-
kernmehl

Haferkleie

Zwiebelbaguette

Für 1 Baguette (= 12 Scheiben)
1 Knoblauchzehe
2 Zwiebeln
125 g Magerquark
125 g Frischkäse (Doppelrahmstufe)
3 Eier
50 g Haferkleie
30 g Süßlupinenmehl
50 g Flohsamenschalen
25 g neutrales Eiweißpulver
2 Tl Weinstein-Backpulver
Salz
1 Tl Rosenpaprika
1 Tl Chilipulver
Pfeffer

Außerdem
Butter für die Pfanne

Zubereitungszeit: ca. 25 Minuten (plus Garzeit und Backzeit)
Pro Brotscheibe ca. 30 kcal/127 kJ
E: 2 g, F: 2 g, KH: 2 g

Den Backofen auf 200 °C vorheizen. Ein Backblech mit Backpapier auslegen.

Den Knoblauch und die Zwiebeln schälen und fein hacken. Ein wenig Butter in einer Pfanne erhitzen, Knoblauch- und Zwiebelwürfel darin dünsten und etwas Farbe ziehen lassen. Abkühlen lassen.

Quark, Frischkäse und Eier gut miteinander verrühren. Haferkleie, Süßlupinenmehl, Flohsamenschalen, Eiweißpulver und Backpulver einrühren. Mit den Gewürzen abschmecken.

Zuletzt die Zwiebel-Knoblauch-Mischung einrühren. Den Teig auf dem Backblech mit feuchten Händen zu einem Baguette formen und etwa 40 Minuten im vorgeheizten Backofen backen.

Haferkleie

Süßlupinen-mehl

Burgerbuns

Für 2 Stück

100 g fein geschroteter Leinsamen
2 Eier
40 g zerlassene Butter
1 Tl Weinstein-Backpulver
1/4 Tl Salz

Zubereitungszeit: ca. 10 Minuten
(plus Backzeit)
Pro Stück ca. 466 kcal/1951 kJ
E: 21 g, F: 37 g, KH: 1 g

Den Backofen auf 200 °C vorheizen. Ein Backblech mit Backpapier auslegen.

Alle Zutaten zu einem glatten Teig verrühren. Mit feuchten Händen zwei Brötchen auf dem Backpapier formen und im vorgeheizten Backofen ca. 20 Minuten backen. Auf einem Kuchengitter auskühlen lassen, dann die Buns halbieren.

Leinsamen

Tipp:

Geschrotete Leinsamen können Sie in Bioläden, Reformfachgeschäften und Drogeriemärkten kaufen. Eine geöffnete Packung sollte zeitnah verbraucht werden. Lagern Sie geschrotete Leinsamen kühl und trocken, sie dürfen nicht der direkten Sonneneinstrahlung ausgesetzt sein.

Sesambagels

Für 8 Stück

160 g geschroteter Leinsamen
120 g dunkles Mandelmehl
2 El Kokosmehl
1 El Dinkelmehl
2 Tl Weinstein-Backpulver
3 El Sahne-Naturjoghurt
(10 % Fett)
3 Eier
3 Tl Olivenöl
1 Tl Agavendicksaft

Außerdem
Sesam (alternativ Mohn)

Zubereitungszeit: ca. 15 Minuten
(plus Backzeit)
Pro Stück ca. 216 kcal/904 kJ
E: 16 g, F: 12 g, KH: 4 g

Den Backofen auf 180 °C vorheizen. Ein Backblech mit Backpapier auslegen.

Leinsamen, Mandel-, Kokos- und Dinkelmehl sowie das Backpulver vermischen. Dann alle feuchten Zutaten mit einem Schuss Wasser zur Mehlmischung geben und rasch zu einem Teig verrühren.

Sesam (oder Mohn) auf zwei Tellern ausstreuen. Den Teig in acht Teile teilen, jeweils zu einer Kugel formen, mit dem Finger ein Loch in die Mitte drücken, etwas ausformen und jeden Bagel mit der Oberseite in Sesam oder Mohn drücken.

Die Bagels mit der Unterseite auf das Backblech legen und ca. 25 Minuten goldbraun backen. Auf einem Kuchengitter auskühlen lassen.

Leinsamen

Mandelmehl

Kokosmehl

Dinkelmehl

Quarkweckchen
mit Mandeln

Für 6 Stück

250 g Magerquark
25 g zerlassene Butter
40 g Kokosmehl
80 g Haferkleie
2 Eier (Gr. L)
65 g Birkenzucker
1/2 Tl Johannisbrotkernmehl
40 g Mandelblättchen

Zubereitungszeit: ca. 10 Minuten
(plus Quellzeit und Backzeit)
Pro Stück ca. 223 kcal/934 kJ
E: 12 g, F: 11 g, KH: 21 g

Den Backofen auf 190 °C vorheizen. Ein Backblech mit Backpapier auslegen.

Alle Zutaten zu einem geschmeidigen Teig verrühren und 10 Minuten quellen lassen.

Mit feuchten Händen etwa 6 gleich große Brötchen formen und auf das Backblech setzen. Im vorgeheizten Backofen etwa 25 Minuten backen. Anschließend auf einem Kuchengitter auskühlen lassen.

Kokosmehl

Haferkleie

Johannisbrot-
kernmehl

Schon gewusst?

Haferkleie eignet sich trotz relativ vieler Kohlenhydrate für eine Low-Carb-Ernährung. Da es sich aber um sog. "komplexe" Kohlenhydrate handelt, haben diese nur einen sehr geringen Einfluß auf den Blutzucker- bzw. Insulinspiegel. Darüber hinaus punktet Haferkleie mit einem hohen Eiweißanteil und vielen Ballaststoffen.

Champignontarte

Für 12 Stücke
(Tarteform 26 cm ⌀)
Für den Teig
200 g gemahlene Mandeln
20 g Butter
1 Ei
Salz

Für den Belag
1 Zwiebel
250 g Champignons
200 g Gouda
20 g Butter
etwas gehackte Petersilie
200 ml Sahne
3 Eier
Salz
Pfeffer

Außerdem
Butter für die Form

Zubereitungszeit: ca. 40 Minuten
(plus Backzeit und Ruhezeit)
Pro Stück ca. 296 kcal/1239 kJ
E: 14 g, F: 25 g, KH: 2 g

Den Backofen auf 180 °C vorheizen. Die Tarteform gut einfetten. Aus gemahlenen Mandeln, Butter, Ei und etwas Salz einen Teig zubereiten und in die Form drücken. Dabei einen kleinen Rand ausformen. Den Boden im vorgeheizten Backofen ca. 10 Minuten vorbacken. Aus dem Ofen nehmen und die Temperatur auf 200 °C erhöhen.

In der Zwischenzeit für den Belag die Zwiebel schälen und fein würfeln. Die Champignons mit einem trockenen Küchentuch abreiben, putzen und in dünne Scheiben schneiden. Den Gouda fein reiben.

Die Butter in einer Pfanne zerlassen und die Zwiebeln darin glasig dünsten. Die Pilze dazugeben und so lange dünsten, bis die ganze Flüssigkeit verdunstet ist.

Den Gouda mit Petersilie, Sahne und Eiern verrühren. Mit Salz und Pfeffer abschmecken. Die Pilze auf dem Teig verteilen und die Goudasahne darübergießen. Die Form etwas hin und her bewegen, damit sich die Flüssigkeit gut verteilt. Dann die Tarte im vorgeheizten Backofen ca. 30 Minuten backen. Vor dem Servieren etwa 10 Minuten ruhen lassen.

gemahlene
Mandeln

Spargelquiche

Für 12 Stücke
(Quicheform 26 cm Ø)
150 g Magerquark
150 g Mandelmehl
125 g kalte Butter in Flöckchen
Salz
250 g weißer Spargel
250 g grüner Spargel
2 Blätter Bärlauch
250 ml Sahne
4 Eier
100 g geriebener Parmesan
Pfeffer

Außerdem
Butter für die Form
Erythrit für den Spargel

Zubereitungszeit: ca. 35 Minuten
(plus Ruhezeit, Garzeit und
Backzeit)
Pro Stück ca. 253 kcal/1059 kJ
E: 14 g, F: 20 g, KH: 3 g

Die Quicheform gut einfetten. Quark, Mandelmehl, Butter und etwas Salz rasch zu einem glatten Teig verkneten. Den Teig in die Form drücken und dabei einen etwa 3 cm großen Rand ausformen. Mit Folie abdecken und im Kühlschrank 60 Minuten ruhen lassen. Den Backofen auf 180 °C vorheizen.

Beide Spargelsorten waschen. Den weißen Spargel zu etwa zwei Dritteln, den grünen nur an den Stangenenden schälen. Alle holzigen Teile abschneiden. In einem großen Topf Salzwasser mit 1 Prise Erythrit zum Kochen bringen. Den weißen Spargel hineingeben, 2 Minuten kochen lassen, dann den grünen Spargel dazugeben und weitere 2 Minuten kochen lassen. Den Spargel in ein Sieb abgießen und abtropfen lassen, dann die Stangen auf dem Teig verteilen.

Den Bärlauch waschen, trocken schütteln und in feine Streifen schneiden. Mit den Sahne, Eiern, Parmesan, Salz und Pfeffer gut verrühren und über den Spargel gießen. Die Quiche 30 Minuten im vorgeheizten Backofen backen, dann etwa 10 Minuten ruhen lassen und servieren.

Mandelmehl

Gemüse-Quiche
mit Mettwürstchen

Für 12 Stücke
(Quicheform 26 cm Ø)
2 Zucchini
1 rote Paprika
200 g Kirschtomaten
2 Zweige Basilikum
1 Knoblauchzehe
1 El Olivenöl
Salz
Pfeffer
Chilipulver
2 Mettwürstchen
5 Eier
130 g geriebener Parmesan
500 g körniger Frischkäse

Außerdem
Butter für die Form

Zubereitungszeit: ca. 35 Minuten
(plus Backzeit und Ruhezeit)
Pro Stück ca. 171 kcal/716 kJ
E: 16 g, F: 10 g, KH: 3 g

Den Backofen auf 180 °C vorheizen. Die Quicheform gut einfetten. Zucchini, Paprika und Kirschtomaten waschen und putzen. Die Zucchini halbieren und in feine Scheiben, die Paprika in feine Streifen scheiden. Die Kirschtomaten halbieren. Die Basilikumzweige waschen, trocken schütteln und die Blätter klein zupfen.

Den Knoblauch schälen und fein hacken. Das Olivenöl in einer Pfanne erhitzen und bei mittlerer Hitze den Knoblauch darin glasig dünsten. Die Zucchini- und die Paprikastücke dazugeben und weich dünsten. Mit Salz, Pfeffer und Chilipulver würzen. Wegen der Mettwürstchen aber sparsam mit dem Salz umgehen.

Die Mettwürstchen in Scheiben schneiden und zum Gemüse mischen. Die Mischung in die Form geben und die Tomatenhälften und das Basilikum darauf verteilen.

Eier, Parmesan und Frischkäse gut verrühren, würzen und die Eimasse über dem Gemüse verteilen. Die Form ein wenig hin und her bewegen, damit sich die Eimasse überall verteilt. Die Quiche im vorgeheizten Backofen etwa 50 Minuten backen, bis sie vollständig gestockt ist. Gegebenenfalls während des Backens mit Alufolie abdecken, damit sie nicht verbrennt. Vor dem Servieren etwa 10 Minuten außerhalb des Ofens ruhen lassen.

Zucchiniquiche

Für 12 Stücke

(Quicheform 28 cm Ø)
600 g Zucchini (geputzt gewogen)
Salz
200 g gemahlene Kürbiskerne
3 Eier
20 g weiche Butter
130 g Schafsfeta
85 g in Lake eingelegte schwarze
Oliven mit Stein
1 Zwiebel
1 Knoblauchzehe
Olivenöl
1 Bund Schnittlauch
100 ml Saure Sahne
Muskat, frisch gerieben
Pfeffer

Außerdem
Butter für die Form

Zubereitungszeit: ca. 30 Minuten
(plus Ziehzeit für die Zucchini und
Backzeit)
Pro Stück ca. 191 kcal/800 kJ
E: 11 g, F: 15 g, KH: 3 g

gemahlene
Kürbiskerne

Den Backofen auf 180 °C vorheizen. Die Quicheform gut einfetten. Die Zucchini fein raspeln, in ein Sieb geben, mit 2 Teelöffeln Salz bestreuen, vermengen und etwa 30 Minuten Wasser ziehen lassen.

In der Zwischenzeit gemahlene Kürbiskerne, 1 Ei, Butter und etwas Salz zu einem Teig verkneten, als Boden mit kleinem Rand in die Form drücken und im vorgeheizten Backofen 5–10 Minuten vorbacken.

Die Zucchiniraspeln in ein sauberes Baumwolltuch geben und darin kräftig auswringen, bis die Zucchini einen Großteil ihres Wassers verloren haben, dann in eine Schüssel geben. Schafskäse und Oliven jeweils in ein Sieb abschütten und abtropfen lassen.

Die Zwiebel und den Knoblauch schälen und fein hacken. Etwas Olivenöl in einer Pfanne erhitzen und beides darin glasig dünsten. Zu den Zucchiniraspeln geben und gut vermengen.

Den Schnittlauch waschen, trocken schütteln und in feine Röllchen schneiden. Mit den restlichen Eiern und der Sauren Sahne zu den Zucchini geben und verrühren. Mit Muskat, Pfeffer und gegebenenfalls noch etwas Salz abschmecken (Vorsicht, der Feta ist auch salzig!).

Die Masse auf dem vorgebackenen Teig verstreichen. Den Feta zerbröseln, die schwarzen Oliven vom Kern befreien, grob hacken, mit dem Feta vorsichtig vermischen und auf der Quiche verteilen. Die Quiche im Backofen etwa 25 Minuten backen, anschließend etwa 10 Minuten ruhen lassen und noch warm servieren.

Flammkuchen

Für 4 Stücke
200 g Emmentaler
3 Eier
200 g Hüttenkäse
30 g Sojamehl
125 g Schinken
150 g Lauch
150 g Crème fraîche

Außerdem
Butter für die Pfanne

Zubereitungszeit: ca. 25 Minuten
(plus Backzeit)
Pro Stück ca. 486 kcal/2035 kJ
E: 36 g, F: 35 g, KH: 4 g

Sojamehl

Den Backofen auf 200 °C vorheizen. Ein Backblech mit Backpapier auslegen.

Den Emmentaler fein reiben und mit Eiern, Hüttenkäse und Sojamehl gut verrühren. Den Teig dünn und gleichmäßig auf dem Backblech verstreichen und 10 Minuten im vorgeheizten Backofen backen. Dann den Kuchen mithilfe eines weiteren Backpapiers wenden und weitere 10 Minuten backen.

In der Zwischenzeit den Schinken würfeln. Den Lauch waschen, putzen und in feine Ringe schneiden. Etwas Butter in einer beschichteten Pfanne zerlassen und die Lauchringe darin weich dünsten.

Den Kuchen aus dem Backofen nehmen und mit der Crème fraîche bestreichen. Die Schinkenwürfel und den Lauch darauf verteilen und noch einmal 5 Minuten backen.

Kuchen & Torten

Köstliches für den Kaffeetisch

Heidelbeer-Cheesecake
ohne Boden

Für 12 Stücke
(Springform 26 cm Ø)
200 g Heidelbeeren
2 Eier
250 g Magerquark
250 g Frischkäse
(Doppelrahmstufe)
80 g Birkenzucker
Mark von 1 Vanilleschote
1 Spritzer Zitronensaft
2 g Johannisbrotkernmehl
3 El Mandelmehl

Außerdem
Butter für die Form
Puder-Birkenzucker nach Belieben

Zubereitungszeit: ca. 15 Minuten
(plus Backzeit)
Pro Stück ca. 127 kcal/532 kJ
E: 5 g, F: 8 g, KH: 11 g

Den Backofen auf 160 °C vorheizen. Die Springform gut einfetten. Die Heidelbeeren waschen, putzen und trocken tupfen.

Die Eier trennen und das Eiweiß steif schlagen. Eigelb, Quark, Frischkäse, Birkenzucker, Vanillemark und den Spritzer Zitronensaft verrühren. Das Johannisbrotkernmehl und das Mandelmehl vermischen und gründlich in die Creme einarbeiten. Den Eischnee und die Blaubeeren unterheben.

Den Teig in die Form gießen, glatt streichen und im vorgeheizten Backofen 50–60 Minuten backen. Den Kuchen in der Form auskühlen lassen und anschließend vorsichtig aus der Form lösen.

Tipp:
200 g Heidelbeeren mit etwas Puder-Birkenzucker in einen Mixer geben und pürieren (alternativ einen Pürierstab verwenden) und den Cheesecake auf einem Blaubeerspiegel servieren.

Johannisbrot-
kernmehl

Mandelmehl

Kirsch-Clafoutis

Für 12 Stücke
(Pieform 26 cm Ø)
170 g süße, halbierte Kirschen
(gewaschen, geputzt
und entsteint gewogen)
4 Eier (Gr. L)
100 g Erythrit
Mark von 1 Vanilleschote
1 Prise Salz
60 g Mandelmehl
240 ml Sahne
60 g zerlassene Butter
1/2 Tl Amaretto
1/2 Tl Zitronenzesten
1/2 Tl Zimt

Außerdem
Butter für die Form

Zubereitungszeit: ca. 10 Minuten
(plus Backzeit und Abkühlzeit)
Pro Stück ca. 164 kcal/687 kJ
E: 4 g, F: 15 g, KH: 3 g

Den Backofen auf 160 °C vorheizen. Die Pieform gut einfetten. Die Kirschen darin verteilen und beiseitestellen.

Eier, Erythrit, Vanillemark und Salz weißcremig verrühren. Das Mandelmehl gründlich unterrühren, dann Sahne, Butter und übrige Zutaten hinzufügen und so lange rühren, bis ein homogener Teig entstanden ist.

Den Teig über die Kirschen gießen. 35–40 Minuten backen, bis der Auflauf eine goldbraune Decke hat. 20 Minuten abkühlen lassen und leicht warm servieren.

Tipp:
Anstelle des Amaretto können Sie auch 2-3 Tropfen natürliches Bittermandel-Aroma verwenden

Mandelmehl

Klassischer
Erdbeerkuchen

Für 12 Stücke
(Springform 26 cm ⌀)
4 Eier (Gr. L)
1 Prise Salz
100 g Butter
90 g Birkenzucker
Mark von 1 Vanilleschote
50 g Kokosmehl
50 g Haselnussmehl
2 1/2 Tl Weinstein-Backpulver
500 g Erdbeeren
1 P. Tortenguss

Außerdem
Butter und Kokosmehl für die Form
200 ml Sahne
Birkenzucker zum Süßen
für die Sahne

Zubereitungszeit: ca. 20 Minuten
(plus Backzeit)
Pro Stück ca. 156 kcal/652 kJ
E: 5 g, F: 10 g, KH: 13 g

Den Backofen auf 160 °C vorheizen. Die Springform gut einfetten und mit etwas Kokosmehl ausstäuben.

Die Eier trennen und das Eiweiß mit dem Salz zu sehr steifem Schnee schlagen. Die Butter in einem Topf schmelzen und etwas abkühlen lassen. Das Eigelb mit der Butter, dem Birkenzucker, dem Vanillemark und 6 El heißem Wasser weißcremig verrühren.

Die Mehle und das Backpulver vermischen und unter die Eigelb-Butter-Mischung rühren, bis ein glatter Teig entsteht. Den Eischnee unterheben.

Den Teig in die Form gießen, glatt streichen und etwa 35 Minuten backen. Den Tortenboden in der Form vollständig auskühlen lassen, dann auf eine Tortenplatte setzen.

Die Erdbeeren waschen, putzen, halbieren und auf dem Tortenboden verteilen. Den Tortenguss nach Packungsanweisung herstellen und die Erdbeeren damit überziehen. Die Sahne mit etwas Birkenzucker steif schlagen und zum Erdbeerkuchen servieren.

Haselnuss-
mehl

Kokos-
mehl

Kokos-Limetten-Kuchen

Für 10 Stücke
(Springform 22 cm ∅)
Für den Boden
100 g Mandelmehl
20 g Kokosmehl
75 g Kokosraspeln
3 El Erythrit
50 g zerlassene Butter

Für den Belag
460 g Frischkäse
(Doppelrahmstufe)
460 ml Sahne
1 P. gemahlene Gelatine
ca. 150 g Erythrit
Saft und Schale von
2 unbehandelten Limetten

Außerdem
3 El Kokosraspeln zum Garnieren

Zubereitungszeit: ca. 20 Minuten
(plus Backzeit und Kühlzeit)
Pro Stück ca. 398 kcal/1666 kJ
E: 9 g, F: 37 g, KH: 5 g

Den Backofen auf 180 °C vorheizen. Den Boden und den Rand der Springform einfetten und mit Backpapier auskleiden.

Für den Boden alle Zutaten miteinander verrühren und als Boden in die Form drücken. 12 Minuten backen, bis er leicht gebräunt ist. In der Form vollständig auskühlen lassen.

Für den Belag den Frischkäse in einer Schüssel glatt rühren, die Sahne in einer weiteren Schüssel steif schlagen. Gelatine nach Packungsanweisung in etwas Wasser auflösen und Erythrit, Limettensaft und -schale einrühren. Die Mischung langsam mit dem Frischkäse vermischen, sodass keine Klümpchen entstehen.

Die geschlagene Sahne zügig unter den Frischkäse heben und die Mischung gegebenenfalls mit etwas Erythrit nachsüßen. Die Creme auf den Boden streichen und den Kuchen mindestens 4 Stunden im Kühlschrank fest werden lassen.

Vor dem Servieren die Kokosraspeln kurz in einer Pfanne ohne Fett anrösten und anschließend über die Sahne-Frischkäsecreme streuen.

Mandelmehl

Kokosmehl

Versunkener Apfelkuchen

Für 8 Stücke

(Springform 20 cm ∅)
4 Eier
50 g Erythrit
1 Tl Zimt
1 Prise Salz
200 g gemahlene Mandeln
1/4 Tl Weinstein-Backpulver
20 g zerlassene Butter
3–4 süß-säuerliche Äpfel
2 El gehackte Mandeln

Außerdem
Butter für die Form
Puder-Erythrit zum Bestäuben

Zubereitungszeit: ca. 25 Minuten
(plus Backzeit)
Pro Stück ca. 265 kcal/1101 kJ
E: 10 g, F: 20 g, KH: 9 g

Den Backofen auf 175 °C vorheizen. Die Springform gut einfetten. Die Eier mit Erythrit, Zimt und Salz weißcremig verrühren. Die gemahlenen Mandeln mit dem Backpulver vermengen und mit der zerlassenen Butter zur Eimasse geben. So lange rühren, bis ein glatter Teig entstanden ist. Den Teig in die Springform geben und glatt streichen.

Die Äpfel waschen, schälen, putzen und in Spalten schneiden. Die Apfelspalten in den Teig drücken und die gehackten Mandeln darüberstreuen.

Im vorgeheizten Backofen ca. 15 Minuten backen, dann den Kuchen mit einem Stück Backpapier abdecken und weitere 20–30 Minuten backen. Den Springformrand vorsichtig lösen und den Kuchen vollständig auskühlen lassen. Mit Puder-Erythrit bestäubt servieren.

gemahlene
Mandeln

Schokoladen-Avocado-Kuchen

Für 10 Stücke
(Springform 22 cm Ø)

Für den Boden
120 g Mandelmehl
75 g Kokosraspeln
3 El Erythrit
50 g zerlassene Butter

Für die Creme
800 g reine Kokosmilch ohne Emulgatoren aus der Dose (mindestens 2 Stunden im Kühlschrank gelagert)
40 g Erythrit
200 g dunkle Schokolade (85 % Kakaoanteil)
5 Avocados
60 g ungesüßtes Kakaopulver
Mark von 1/2 Vanilleschote
1 Prise Salz

Außerdem
Butter für die Form

Zubereitungszeit: ca. 20 Minuten (plus Backzeit und Kühlzeit)
Pro Stück ca. 571 kcal/2391 kJ
E: 12 g, F: 50 g, KH: 12 g

Den Backofen auf 180 °C vorheizen. Den Boden und den Rand der Springform einfetten und mit Backpapier auskleiden.

Für den Boden alle Zutaten miteinander verrühren und als Boden in die Form drücken. 12 Minuten backen, bis er leicht gebräunt ist. In der Form vollständig auskühlen lassen.

Für die Creme darauf achten, dass die Kokosmilchdosen nicht geschüttelt werden. Vorsichtig öffnen, die dicke, oben abgesetzte Creme mit einem Löffel entnehmen und in eine Rührschüssel geben. Das Wasser anderweitig verwenden. Die Kokoscreme mit dem Erythrit cremig rühren und im Kühlschrank beiseitestellen.

Die Schokolade im Wasserbad schmelzen. Die Avocados halbieren, den Kern entfernen und das Fruchtfleisch herauslösen. Mit Kakao, Vanillemark und Salz zur Schokolade geben und so lange rühren, bis eine homogene Masse entstanden ist. Mit der Kokoscreme vermischen und gegebenenfalls noch etwas nachsüßen. Auf den Kuchenboden streichen und mindestens 3 Stunden im Kühlschrank kühlen.

Mandelmehl

Mandelkuchen

Für 12 Stücke
(Springform 26 cm Ø)
50 g dunkle Schokolade
(85 % Kakaoanteil)
6 Eier
1 Prise Salz
120 g Birkenzucker
150 g gemahlene Mandeln
2 El neutrales Eiweißpulver
Schale und Saft von
1 unbehandelten Orange
Mark von 1 Vanilleschote

Außerdem
Butter für die Form
Puder-Birkenzucker zum Bestäuben

Zubereitungszeit: ca. 20 Minuten
(plus Backzeit)
Pro Stück ca. 176 kcal/737 kJ
E: 8 g, F: 11 g, KH: 13 g

Den Backofen auf 175 °C vorheizen. Die Springform gut einfetten. Die Schokolade grob raspeln. Die Eier trennen und das Eiweiß mit dem Salz steif schlagen.

Das Eigelb und den Birkenzucker weißcremig verrühren. Gemahlene Mandeln, Eiweißpulver, Orangensaft und -schale, Vanillemark und die Schokoraspeln einrühren. Den Eischnee unter die Masse heben.

Den Teig in die Form gießen, glatt streichen und etwa 60 Minuten backen. Dabei den Teig nach etwa 40 Minuten mit Alufolie abdecken, damit er nicht zu dunkel wird.

Den Kuchen in der Form auskühlen lassen und mit Puder-Birkenzucker bestreut servieren.

gemahlene
Mandeln

Tipp:
Anstelle des Puder-Birkenzuckers können Sie auch eine geringe Menge zuckerfreie Zartbitterschokolade (mind. 85% Kakaoanteil) schmelzen und dekorativ über dem Kuchen verteilen.

Nusskuchen
im Glas

**Für 5 hitzebeständige
Sturzgläser à 250 ml**

40 ganze Haselnüsse
7 Eier
1 Prise Salz
150 g weiche Butter
140 g Erythrit
2 El Kognak
350 g gemahlene Haselnüsse
1/2 P. Weinstein-Backpulver

Außerdem
Butter und gemahlene Haselnüsse
für die Gläser
Puder-Erythrit zum Bestäuben

Zubereitungszeit: ca. 15 Minuten
(plus Einweichzeit und Backzeit)
Pro Stück ca. 871 kcal/3647 kJ
E: 20 g, F: 80 g, KH: 10 g

Die Haselnüsse über Nacht in Wasser einweichen. Abtropfen lassen und grob hacken.

Am nächsten Tag den Backofen auf 180 °C vorheizen. Die Gläser gut einfetten und mit gemahlenen Haselnüssen ausstreuen.

Die Eier trennen und das Eiweiß mit dem Salz sehr steif schlagen. Eigelb, Butter und Erythrit weißcremig verrühren, den Kognak dazugießen und 2 Minuten weiterschlagen. Gemahlene Haselnüsse, gehackte Haselnüsse und Backpulver dazugeben und alles gut verrühren. Den Eischnee unterheben.

Den Teig auf die Gläser verteilen und im vorgeheizten Backofen ca. 25 Minuten backen. In den Gläsern auskühlen lassen. Im Glas oder gestürzt und mit Puder-Erythrit bestäubt servieren.

gemahlene
und gehackte
Haselnüsse

Tipp:
In verschließbaren Schraubgläsern gebacken, sind die kleinen Nusskuchen ein ganz wunderbares Mitbringsel für Einladungen zum Kaffee oder Tee – oder einfach so für zwischendurch.

Cremiger Kürbis-Pie

Für 12 Stücke
(Pieform 26 cm Ø)

430 g rohes oder vorgegartes
Kürbispüree

3 Eier

170 g Birkenzucker

1/2 Tl Salz

1 Tl Zimt

1/4 Tl gemahlene Nelken

180 ml Sahne

Außerdem
Butter für die Form

Zubereitungszeit: ca. 10 Minuten
(plus Backzeit)

Pro Stück ca. 112 kcal/469 kJ
E: 2 g, F: 6 g, KH: 18 g

Den Backofen auf 180 °C vorheizen. Die Pieform mit der Butter gut einfetten. Alle Zutaten gut miteinander verrühren. Den Teig in die Form gießen und glatt streichen.

Im vorgeheizten Backofen 30–40 Minuten backen. In der Form vollständig auskühlen lassen.

Tipp:
Vor dem Backen einige Kürbiskerne über den Pie streuen! Besonders gut eignet sich ein Hokkaido- oder Butternut-Kürbis für dieses Rezept.

Ricottatarte
mit Rosinen

Für 12 Stücke
(Springform 26 cm ∅)
50 g Rosinen
50 ml Kognak
5 Eier
1 Prise Salz
50 g Birkenzucker
300 g Ricotta
100 g gemahlene Pistazien
Schale von 1 kleinen
unbehandelten Zitrone
Mark von 1 Vanilleschote

Außerdem
Butter für die Form
Puder-Birkenzucker zum Bestäuben

Zubereitungszeit: ca. 10 Minuten
(plus Einweichzeit und Backzeit)
Pro Stück ca. 160 kcal/670 kJ
E: 7 g, F: 10 g, KH: 10 g

Die Rosinen mit dem Kognak vermischen, ca. 60 Minuten einweichen lassen und ausdrücken. Den Backofen auf 160° C vorheizen. Die Springform gut einfetten.

Die Eier trennen und das Eiweiß mit dem Salz steif schlagen. Das Eigelb in einer weiteren Rührschüssel mit dem Birkenzucker weißcremig verrühren. Den Ricotta und die Pistazien hinzufügen und alles zu einem glatten Teig verrühren. Rosinen, Zitronenschale und Vanillemark einrühren, anschließend den Eischnee unter die Masse heben.

Den Teig in die Form füllen und im vorgeheizten Backofen etwa 45 Minuten backen. Die Tarte gut auskühlen lassen, aus der Form nehmen und mit Puder-Birkenzucker bestäuben.

Tipp:
Wer keinen Kognak zu Hause hat oder mag, kann diesen auch durch Wasser ersetzen.

Brombeer-Streuselkuchen

Für 8 Stücke
(Springform 18 cm ⌀)
Für den Teig
60 g Sojamehl
80 g Frischkäse (Doppelrahmstufe)
25 g Butter
40 g Birkenzucker
1 Ei
1 El neutrales Eiweißpulver
1/2 P. Weinstein-Backpulver

Für den Belag
ca. 300 g Brombeeren
100 g Schmand
1 Ei
40 g Birkenzucker

Für die Streusel
50 g weiche Butter
50 g gemahlene Mandeln
40 g Birkenzucker

Außerdem
Butter für die Form

Zubereitungszeit: ca. 20 Minuten
(plus Backzeit)
Pro Stück ca. 264 kcal/2112 kJ
E: 8 g, F: 20 g, KH: 19 g

Den Backofen auf 150° vorheizen. Die Springform gut einfetten. Für den Teig alle Zutaten miteinander vermengen und als Boden in die Springform drücken.

Für den Belag die Brombeeren waschen, gut abtropfen lassen und verlesen. Schmand, Ei und Birkenzucker verrühren und gleichmäßig auf den Teig streichen. Die Brombeeren darauf verteilen.

Für die Streusel alle Zutaten mit den Händen gut verkneten und als dicke Streusel über die Brombeeren bröseln. Den Kuchen etwa 40 Minuten im vorgeheizten Backofen backen, anschließend in der Form auskühlen lassen.

Tipp:
Verwenden Sie Himbeeren oder Himbeeren und Brombeeren zu gleichen Teilen.

Sojamehl

Zitronentarte

Für 12 Stücke
(Tarteform 28 cm Ø)
Für den Teig
200 g Mandelmehl
125 g weiche Butter
1 Ei
100 g Birkenzucker

Für den Lemon Curd
150 ml frisch gepresster Zitronensaft
abgeriebene Schale von
1 unbehandelten Zitrone
140 g Birkenzucker
Mark von 1 Vanilleschote
10 g Butter
3 Eier

Für die Baiserhaube
2 Eiweiß
120 g Puder-Birkenzucker
1 Msp. Natron

Außerdem
Butter für die Form

Zubereitungszeit: ca. 35 Minuten
(plus Kühlzeit und Backzeit)
Pro Stück ca. 246 kcal/1030 kJ
E: 10 g, F: 13 g, KH: 31 g

Die Tarteform gut einfetten. Alle Teigzutaten zu einer geschmeidigen Masse verkneten und gleichmäßig in die Tarteform drücken. Dabei einen kleinen Rand ausbilden. Den Boden für ca. 60 Minuten kalt stellen.

Für den Lemon Curd Zitronensaft und -schale, Birkenzucker und Vanillemark zum Kochen bringen. Die Butter einrühren, schmelzen lassen und vom Herd nehmen.

Die Eier sehr gründlich miteinander verquirlen, bis Eiweiß und Eigelb eine homogene Masse ergeben. Durch ein Sieb in den Topf mit der Zitronencreme gießen und sofort gut verrühren. Den Topf auf die noch warme, aber ausgeschaltete Platte stellen und unter ständigem Rühren etwa 10 Minuten eindicken lassen. Sollte die Creme nicht dick werden, die Herdplatte auf kleinster Stufe wieder erwärmen. Sobald die Creme puddingartig eingedickt ist, in eine Schüssel umfüllen.

Den Backofen auf 180 °C vorheizen. Für die Baiserhaube das Eiweiß steif schlagen. Den Zucker einrieseln lassen, das Natron dazugeben und die Masse 10 Minuten auf höchster Stufe rühren.

Den Mürbeteig im vorgeheizten Backofen 10–15 Minuten vorbacken. Aus dem Ofen nehmen, den Lemon Curd auf dem Boden verteilen und glatt streichen. Mit einem Spritzbeutel das Baiser auf den Kuchen spritzen und den Kuchen etwa 6 Minuten im Backofen fertigbacken.

Mandelmehl

Schokoladen-Erdnuss-Torte

Für 12 Stücke
(Springform 26 cm Ø)
Für den Boden
50 g Butter
180 g Macadamiamehl
40 g ungesüßtes Kakaopulver
30 g Erythrit

Für die Füllung
230 ml Sahne
100 g Erythrit
1 P. gemahlene Gelatine
650 g Frischkäse
(Doppelrahmstufe)
Mark von 1/2 Vanilleschote
250 g cremige Erdnussbutter

Für den Schokoladenüberzug
30 g Butter
30 g dunkle Schokolade
(85 % Kakaoanteil)
Erythrit zum Süßen

Außerdem
Butter und Backpapier für die Form

Zubereitungszeit: ca. 60 Minuten
(plus Kühlzeit)
Pro Stück ca. 481 kcal/2014 kJ
E: 14 g, F: 41 g, KH: 10 g

Die Springform gut mit Butter einfetten und den Rand mit Backpapier auslegen.

Für den Boden die Butter schmelzen, Macadamiamehl, Kakao und Erythrit dazugeben und alles zu einem festen Teig verkneten. Auf dem Boden der Form verteilen und festdrücken.

Für die Füllung die Sahne mit 2 Teelöffeln Erythrit steif schlagen. Die Gelatine in einem kleinen Topf mit etwas Wasser verrühren, warten, bis sie andickt, dann bei geringer Hitze langsam auf dem Herd auflösen. Die Gelatine sehr langsam unter ständigem Rühren zur Sahne geben.

Den Frischkäse mit restlichem Erythrit, Vanillemark und Erdnussbutter cremig rühren. Je nach Geschmack mit Erythrit noch etwas nachsüßen. Die Sahne unter die Frischkäsemasse heben und alles gleichmäßig in der Springform verteilen. Mindestens 4 Stunden kühl stellen.

Für den Schokoladenüberzug die Butter mit der Schokolade schmelzen. Nach Geschmack süßen. Die Masse in einen Spritzbeutel geben und die Torte damit nach Belieben dekorieren. Im Kühlschrank kühl stellen, bis der Überzug fest geworden ist.

Macadamiamehl

Saftiger
Möhrenkuchen

Für 12 Stücke
(Springform 26 cm Ø)
5 Eier
1 Prise Salz
580 g fein geriebene Möhren
60 g ungezuckertes Apfelmus
350 g gemahlene Mandeln
3 geh. El neutrales Eiweißpulver
2 Tl Weinstein-Backpulver
50 g Erythrit
2 Tl Zimt

Außerdem
Butter für die Form
Puder-Erythrit zum Bestäuben

Zubereitungszeit: ca. 20 Minuten
(plus Backzeit)
Pro Stück ca. 248 kcal/1038 kJ
E: 11 g, F: 18 g, KH: 7 g

Den Backofen auf 175 °C vorheizen. Die Springform gut einfetten. Die Eier trennen und das Eiweiß mit dem Salz steif schlagen. Das Eigelb mit den Möhren und dem Apfelmus verrühren.

Die Mandeln mit Eiweißpulver, Backpulver, Erythrit und Zimt vermischen und in die Möhrenmasse rühren. Dann den Eischnee unterheben und den Teig in die Springform streichen.

Den Kuchen etwa 60 Minuten backen. Anschließend in der Form auskühlen lassen und mit Puder-Erythrit bestäuben.

gemahlene
Mandeln

Tipp:

Ein Teil der Möhren lässt sich auch durch einen fein geriebenen Apfel ersetzen.

Schokoladen-Swirl-Käsekuchen

Für 12 Stücke
(Springform 26 cm Ø)
175 g Frischkäse
(Doppelrahmstufe)
250 g Ricotta
175 g Mascarpone
2 Eier
120-150 g Birkenzucker
(nach Geschmack)
Mark von 1 Vanilleschote
1 P. ungesüßtes
Vanillepuddingpulver
3 El ungesüßtes Kakaopulver
3 El Kognak

Außerdem
Butter und gemahlene Mandeln für
die Form

Zubereitungszeit: ca. 20 Minuten
(plus Backzeit)
Pro Stück ca. 196 kcal/821 kJ
E: 5 g, F: 14 g, KH: 16 g

Den Backofen auf 180 °C vorheizen. Die Springform gut einfetten und mit gemahlenen Mandeln ausstreuen.

Frischkäse, Ricotta und Mascarpone mit den Eiern cremig verrühren, Birkenzucker nach Geschmack und Vanillemark unterrühren. Das Puddingpulver einstreuen und gründlich einarbeiten.

Zwei Drittel des Teigs in der Form verteilen. Kakaopulver und Kognak in die restliche Masse rühren und den Teig in großen Klecksen auf den weißen Teig geben. Mit einer Gabel einmal grob horizontal durch den Teig rühren. Die Kuchenoberfläche dabei nicht mehr glätten.

Den Kuchen etwa 30 Minuten backen. In der Form auskühlen lassen.

Tipp:
Ungesüßtes Vanillepuddingpulver ist im Handel vor allem in Bioqualität erhältlich. Konventionelles Puddingpulver enthält in der Regel relativ viel Zucker.

Muffins, Cupcakes & Co.

Kleinigkeiten zum Naschen

Mandelkekse
mit Orange

Für ca. 20 Stück

1 unbehandelte Orange
70 g Kokosmehl
40 g Mandelmehl
1 Tl Weinstein-Backpulver
1/2 Tl Zimt
1/2 Tl Kardamom
200 g Mandelmus
5 El Erythrit
1 Prise Salz
100 g gemahlene Mandeln

Zubereitungszeit: ca. 25 Minuten
(plus Kühl- und Backzeit)
Pro Stück ca. 115 kcal/480 kJ
E: 5 g, F: 9 g, KH: 1 g

Die Orange heiß waschen und abtrocknen. 1 Teelöffel Schale dünn abreiben, 1 Esslöffel Saft auspressen.

Die Mehle mit dem Backpulver und den Gewürzen mischen und in eine Schüssel sieben. Orangenschale und -saft hinzugeben. Mandelmus, Erythrit und Salz ebenfalls hinzugeben. Alles verkneten und zu einer ca. 3 cm dicken Rolle formen. Die gemahlenen Mandeln auf einem Teller verteilen und die Rolle darin wälzen. Dann in Folie wickeln und ca. 1 Stunde kühl stellen.

Den Backofen auf 180 °C vorheizen. Ein Backblech mit Backpapier auslegen. Die Rolle in ca. 0,5 cm dicke Scheiben schneiden, die Scheiben auf dem Backblech verteilen und auf der mittleren Schiene ca. 10 Minuten goldbraun backen. Herausnehmen und auf dem Blech vollständig auskühlen lassen.

Kokosmehl

Mandelmehl

Knusper-Cookies

Für ca. 12 Stück
100 g Haferflocken
20 g Kürbiskerne
20 g Haselnüsse
20 g Mandeln
2 getrocknete Datteln
125 g Erdnussbutter
60 g zerlassene Butter
3 El Erythrit
Mark von 1/2 Vanilleschote
1/4 Tl Salz

Zubereitungszeit: ca. 15 Minuten
(plus Ruhe- und Backzeit)
Pro Stück ca. 169 kcal/708 kJ
E: 6 g, F: 13 g, KH: 6 g

Den Backofen auf 160 °C vorheizen und ein Backblech mit Backpapier auslegen. Die Haferflocken in einer Pfanne ohne Fett leicht rösten, auf einem flachen Teller beiseitestellen. Anschließend die Kerne und Nüsse in der Pfanne rösten, auf einem Teller auskühlen lassen und hacken. Die Datteln entkernen und sehr fein hacken.

Die Erdnussbutter mit zerlassener Butter, Erythrit, Vanillemark und Salz gut verrühren. Die restlichen Zutaten einrühren und den Teig 15 Minuten ruhen lassen.

Aus dem Teig mit 2 Teelöffeln kleine Häufchen formen. Auf dem Backblech verteilen und auf der mittleren Schiene ca. 20 Minuten backen. Vollständig abkühlen lassen.

Tipp:
Darauf achten, dass nur ungesalzene und ungesüßte Erdnussbutter bzw. Erdnussmus verwendet wird.

Himbeermuffins

Für 12 Stück
120 g Butter
6 Eier
1 Prise Salz
40 g Erythrit
Mark von 1 Vanilleschote
140 g Macadamiamehl
2 Tl Weinstein-Backpulver
ca. 48 Himbeeren

Außerdem
Butter oder Papierförmchen für das Muffinblech
Puder-Erythrit zum Bestäuben

Zubereitungszeit: ca. 15 Minuten
(plus Backzeit)
Pro Stück ca. 174 kcal/729 kJ
E: 7 g, F: 14 g, KH: 3 g

Backofen auf 170 °C vorheizen. Das Muffinblech einfetten (alternativ Papierförmchen in die Mulden des Muffinblechs setzen).

Die Butter in einem Topf schmelzen und beiseitestellen. 2 Eier trennen und das Eiweiß mit dem Salz zu steifem Schnee schlagen. Das Eigelb und die restlichen Eier mit dem Erythrit und dem Vanillemark kurz verquirlen, die flüssige Butter nach und nach einfließen lassen und alles gut verrühren.

Das Macadamiamehl mit dem Backpulver mischen und in die Eigelbbutter rühren, bis eine homogene Masse entstanden ist. Dann den Eischnee unterheben.

Den Teig gleichmäßig auf die Mulden des Muffinblechs verteilen und jeweils 3 Himbeeren in den Teig drücken. Die Muffins für 15–20 Minuten goldbraun backen.

Die Muffins abkühlen lassen, mit Puder-Erythrit bestäuben und jeweils mit einer Himbeere garnieren.

Macadamiamehl

Kokosmuffins
mit Zitronenguss

Für 9 Stück

Für die Muffins
5 Eier
1 Prise Salz
100 g zimmerwarmes, festes Kokosöl
Mark von 1 Vanilleschote
100 g Erythrit
60 g Kokosmehl
1/4 Tl Weinstein-Backpulver

Für den Guss
ca. 2 El Kokosraspeln
Saft von 1 unbehandelten Zitrone
150 g Puder-Erythrit

Außerdem
Butter oder Papierförmchen für das Muffinblech

Zubereitungszeit: ca. 20 Minuten (plus Backzeit)
Pro Stück ca. 190 kcal/796 kJ
E: 5 g, F: 17 g, KH: 1 g

Den Backofen auf 180 °C vorheizen. Das Muffinblech einfetten (alternativ Papierförmchen in die Mulden des Muffinblechs setzen).

Für die Muffins die Eier trennen, das Eiweiß mit dem Salz steif schlagen. Das Eigelb mit dem Kokosöl und dem Vanillemark etwa 5 Minuten kräftig verrühren. Den Erythrit dazugeben und so lange rühren, bis sich die Kristalle gelöst haben.

Das Kokosmehl und das Backpulver mischen und in die Eimasse einrühren. Den Eischnee unterheben und den Teig auf die Mulden des Muffinblechs aufteilen. Im vorgeheizten Backofen 15–20 Minuten backen. Die Muffins auf einem Kuchengitter vollständig auskühlen lassen.

Für den Guss die Kokosraspeln in einer Pfanne ohne Fett leicht anrösten und beiseitestellen. Den Zitronensaft mit dem Puder-Erythrit in einem Topf verrühren und erhitzen, bis sich die Kristalle gelöst haben und die Mischung sirupartig eindickt. Mit einem Pinsel die Muffins mit dem Guss bestreichen und mit den Kokosraspeln bestreuen.

Kokosmehl

Brownies

Für 10 Stück

(Brownieform 20 x 20 cm)
180 g dunkle Schokolade
(85 % Kakaoanteil)
150 g Butter
3 Eier
220 g Erythrit
100 g Mandelmehl
1/2 P. Weinstein-Backpulver
50 g ganze Haselnüsse
1 Prise Salz

Außerdem
Butter für die Form
Puder-Erythrit oder Kakaopulver
zum Bestäuben

Zubereitungszeit: ca. 15 Minuten
(plus Backzeit)
Pro Stück ca. 319 kcal/1336 kJ
E: 9 g F: 28 g, KH: 5 g

Den Backofen auf 180° vorheizen. Die Brownieform gut einfetten. Die Schokolade mit der Butter in einem Topf schmelzen. Abkühlen lassen.

Die Eier mit dem Erythrit weißcremig verrühren. Die Schokoladenbutter unter ständigem Weiterrühren einfließen lassen und alles gut vermischen. Das Mandelmehl und das Backpulver vermengen und nach und nach unter die Eimasse einrühren.

Die Haselnüsse grob hacken. In einer Pfanne ohne Fett leicht anrösten und dann mit dem Salz unter den Teig heben. Den Teig in die Form gießen, glatt streichen und ca. 20 Minuten backen.

Den Kuchen auf ein Kuchengitter stürzen und auskühlen lassen. In gleichmäßig große Brownies schneiden und mit Puder-Erythrit oder Kakaopulver bestäuben.

Mandelmehl

Quarkmuffins
mit Heidelbeeren

Für 12 Stück

50 g Heidelbeeren
2 Eier
1 Prise Salz
250 g Magerquark
75 g Frischkäse (Doppelrahmstufe)
2 El Birkenzucker
3 El gemahlene Mandeln
1 gestr. Tl Weinstein-Backpulver
2 El neutrales Eiweißpulver
1 Spritzer Zitronensaft
1 El Sonnenblumenöl

Außerdem
Butter oder Papierförmchen
für das Muffinblech

Zubereitungszeit: ca. 15 Minuten
(plus Backzeit)
Pro Stück ca. 83 kcal/348 kJ
E: 5 g, F: 5 g, KH: 4 g

Den Backofen auf 175 °C vorheizen. Das Muffinblech einfetten (alternativ Papierförmchen in die Mulden des Muffinblechs setzen).

Die Heidelbeeren waschen, verlesen und abtropfen lassen. Die Eier trennen und das Eiweiß mit dem Salz steif schlagen.

Das Eigelb mit Quark, Frischkäse und Birkenzucker gut verrühren. Mandeln, Backpulver, Eiweißpulver, Zitronensaft und Sonnenblumenöl dazugeben und einrühren, bis eine glatte Masse entsteht. Den Eischnee unterheben, anschließend die Heidelbeeren.

Den Teig auf die Mulden des Muffinblechs aufteilen und die Muffins ca. 35 Minuten backen.

gemahlene
Mandeln

Apfel-Zimt-Muffins

Für 12 Stück

2 Äpfel
85 g weiche Butter
2 El Calvados
4 Eier
2 Prisen Salz
ca. 3 El Erythrit
200 g Mandelmehl
1 1/2 Tl Weinstein-Backpulver
1 Tl Zimt

Außerdem
Butter oder Papierförmchen für das Muffinblech
Puder-Erythrit zum Bestäuben

Zubereitungszeit: ca. 30 Minuten (plus Backzeit)
Pro Stück ca. 152 kcal/636 kJ
E: 10 g, F: 9 g, KH: 4 g

Den Backofen auf 170 °C vorheizen. Das Muffinblech einfetten (alternativ Papierförmchen in die Mulden des Muffinblechs setzen).

Die Äpfel waschen, schälen, vierteln und putzen. Die Viertel in dünne Scheiben schneiden, 125 g davon abwiegen.

10 g Butter in einer Pfanne zerlassen. Die abgewogenen Äpfel darin bei mittlerer Hitze weich dünsten, den Calvados angießen und so lange kochen, bis die ganze Flüssigkeit verdampft ist. Die Äpfel abkühlen lassen.

Die Eier trennen und das Eiweiß mit dem Salz steif schlagen. Das Eigelb mit der restlichen Butter schaumig schlagen, den Erythrit dazugeben und rühren, bis sich die Kristalle gelöst haben.

Mandelmehl, Backpulver und Zimt einrühren, dann den Eischnee und zuletzt die Äpfel unterheben. Den Teig auf die Mulden des Muffinblechs aufteilen und die Muffins etwa 30 Minuten backen.

Aus dem Backofen nehmen und vollständig auskühlen lassen. Mit Puder-Erythrit bestäubt servieren.

Mandelmehl

Nussschnecken

Für 12 Stück
125 g Mozzarella
50 g Butter
1 Ei (Gr. L)
50 g Birkenzucker
90 g Mandelmehl
1 Tl Weinstein-Backpulver
1 Tl Johannisbrotkernmehl
3 El Ahornsirup
(ersatzweise Birkenzucker)
75 g gehackte Haselnüsse
einige gehackte Walnüsse
1 Tl Zimt

Zubereitungszeit: ca. 25 Minuten
(plus Ruhezeit und Backzeit)
Pro Stück ca. 162 kcal/678 kJ
E: 7 g, F: 12 g, KH: 7 g

Johannisbrot-
kernmehl

Mandelmehl

Den Mozzarella kurz abtropfen lassen und grob hacken. Mit der Butter und dem Ei in einen Mixer geben und pürieren (alternativ einen Pürierstab verwenden).

Birkenzucker, Mandelmehl, Backpulver und Johannisbrotkernmehl miteinander vermischen, die Mozzarellamischung dazugeben und alles zu einem glatten, geschmeidigen Teig verkneten. Den Teig zu einer Kugel formen und diese in Folie gewickelt 60 Minuten im Kühlschrank ruhen lassen.

Den Backofen auf 185 °C vorheizen. Ein Backblech mit Backpapier auslegen. Die Teigkugel etwas flach drücken und zwischen zwei Backpapierstücken so dünn wie möglich ausrollen. Das obere Backpapier abziehen.

Den Ahornsirup mit gehackten Haselnüssen, Walnüssen und Zimt verrühren und den Teig damit bestreichen. Wer auch auf die Kohlenhydrate des Ahornsirups verzichten möchte, mischt Birkenzucker und Zimt und bestreut den Teig zuerst mit der Mischung, um dann die gehackten Walnüsse darauf zu verteilen.

Den Teig von der Längsseite vorsichtig mithilfe des Backpapiers aufrollen und in ca. 12 Stücke schneiden. Die Schnecken mit einer Schnittfläche nach oben auf das Backblech legen und ca. 15 Minuten goldbraun backen. Auf einem Kuchengitter auskühlen lassen.

Rote-Bete-Schokomuffins

Für 12 Stück

260 g vorgegarte, geschälte
Rote Bete
2 Eier
1 Tl Vanillemark
1/2 Tl Zimt
1 Prise Salz
3 El geriebene dunkle Schokolade
(85 % Kakaoanteil)
30 g zerlassene Butter
60 ml Ahornsirup
150 g gemahlene Mandeln
1 Tl Weinstein-Backpulver

Außerdem
Butter oder Papierförmchen für das
Muffinblech

Zubereitungszeit: ca. 15 Minuten
(plus Backzeit)
Pro Stück ca. 144 kcal/603 kJ
E: 5 g, F: 11 g, KH: 6 g

Den Backofen auf 180 °C vorheizen. Das Muffinblech einfetten (alternativ Papierförmchen in die Mulden des Muffinblechs setzen).

Die Rote Bete fein raspeln und mit Eiern, Vanillemark, Zimt und Salz gut verrühren. Schokolade, zerlassene Butter und Ahornsirup unterrühren.

Die gemahlenen Mandeln mit dem Backpulver mischen und in die Rote-Bete-Masse einrühren.

Den Teig auf die Mulden des Muffinblechs aufteilen und etwa 40 Minuten backen, bis die Muffins gar sind. Auf einem Kuchengitter vollständig auskühlen lassen.

Tipp:
Dazu passt ein cremiges Topping aus Mascarpone oder Ricotta.

gemahlene
Mandeln

Brombeer-Cupcakes

Für 12 Stück

Für den Teig
12 Brombeeren
100 g Butter
50 g Birkenzucker
1 Prise Salz
2 Eier
100 g Haselnussmehl
1/2 Tl Weinstein-Backpulver

Für die Creme
150 g Brombeeren
100 ml Sahne
ca. 2 Tl Birkenzucker
Mark von 1 Vanilleschote
50 g Butter

Außerdem
Butter und gemahlene Haselnüsse
für das Muffinblech
12 Brombeeren zum Garnieren

Zubereitungszeit: ca. 35 Minuten
(plus Backzeit und Kühlzeit)
Pro Stück ca. 182 kcal/762 kJ
E: 5 g, F: 15 g, KH: 7 g

Haselnuss-mehl

Den Backofen auf 180 °C vorheizen. Das Muffinblech einfetten und anschließend mit gemahlenen Haselnüssen ausstreuen. Alle Brombeeren waschen, verlesen und vorsichtig trocken tupfen.

Für den Teig Butter, Birkenzucker und Salz verrühren, bis die Kristalle gelöst sind. Die beiden Eier nacheinander gut einarbeiten, dann das Haselnussmehl und das Backpulver einrühren. Den Teig in die Mulden des Muffinblechs füllen und jeweils 1 Brombeere in jeden Muffin drücken. Ca. 15 Minuten backen. Dann aus der Form stürzen und auf einem Kuchengitter vollständig auskühlen lassen.

In der Zwischenzeit für die Creme die Brombeeren in einen Mixer geben, fein pürieren (alternativ einen Pürierstab verwenden) und durch ein Sieb streichen. Sahne, Birkenzucker und Vanillemark in einem Topf zum Kochen bringen und einmal aufkochen lassen. Vom Herd nehmen, das Brombeerpüree dazugeben und so lange verrühren, bis eine glatte Masse entstanden ist.

Die Butter in den Mixer geben, die Brombeersahne daraufgießen und alles zu einer homogenen Creme verrühren (alternativ einen Pürierstab verwenden). 60 Minuten im Kühlschrank fest werden lassen. Dann die Creme in einen Spritzbeutel mit Sterntülle geben und die Muffins mit der Creme verzieren. Abschließend jeden Cupcake mit einer Brombeere garnieren.

Zucchinimuffins

Für 12 Stücke

300 g Zucchini (geputzt gewogen)
200 g Birkenzucker
100 g gemahlene Mandeln
180 g Mandelmehl
100 g Butter
3 Eier
1 P. Weinstein-Backpulver
1 Tl Zimt
1 El Rum

Außerdem

Butter oder Papierförmchen
für das Muffinblech
Puder-Birkenzucker zum Bestäuben

Zubereitungszeit: ca. 15 Minuten
(plus Backzeit)
Pro Stück ca. 229 kcal/959 kJ
E: 11 g, F: 14 g, KH: 19 g

Den Backofen auf 200 °C vorheizen. Das Muffinblech einfetten (alternativ Papierförmchen in die Mulden des Muffinblechs setzen).

Die Zucchini waschen, abtrocknen, putzen und fein raspeln. Sollten die Zucchini sehr feucht sein, in ein sauberes Baumwolltuch geben und kräftig ausdrücken. Mit allen übrigen Zutaten in einer Schüssel verrühren und den Teig auf die Mulden des Muffinblechs aufteilen.

Im Backofen 20–25 Minuten backen. Auf einem Kuchengitter auskühlen lassen und mit Puder-Birkenzucker bestäubt servieren.

Mandelmehl

Tipp:

Alternativ können Sie auch Zucchini und Möhren zu gleichen Teilen für den Teig verwenden. Dann jedoch die Menge des Birkenzuckers auf 150 g reduzieren.

Mini-Limetten-Cupcakes

Für 24 Stück

Für den Teig
1 große unbehandelte Limette
3 Eier
100 g Erythrit
Mark von 1/2 Vanilleschote
1 Prise Salz
125 g Mandelmehl
1 Tl Weinstein-Backpulver

Für das Frosting
50 g Naturjoghurt
50 g Frischkäse (Doppelrahmstufe)
Limettensaft und -zesten
nach Geschmack
Erythrit nach Geschmack

Außerdem
Butter oder Papierförmchen
für die Form

Zubereitungszeit: ca. 15 Minuten
(plus Backzeit)
Pro Stück ca. 36 kcal/151 kJ
E: 4 g, F: 2 g, KH: 1 g

Den Backofen auf 180 °C vorheizen. Die Minimuffinform einfetten (alternativ Mini-Papierförmchen in die Mulden der Form setzen).

Für den Teig die Limette heiß waschen, abtrocknen, den Blütenansatz abschneiden und die Limette grob würfeln. Alle Kerne mit der Messerspitze herauslösen. Die Limettenstücke in einen Mixer geben und pürieren (alternativ einen Pürierstab verwenden).

In eine Rührschüssel umfüllen und die Eier und den Erythrit dazugeben. So lange cremig rühren, bis sich der Erythrit gelöst hat. Dann die übrigen Zutaten dazugeben und alles zu einem glatten Teig verarbeiten. Mit 2 Teelöffeln den Teig auf die Mulden des Muffinblechs aufteilen und im Backofen 10–12 Minuten backen. Vollständig abkühlen lassen.

Für das Frosting den Joghurt und den Frischkäse vermengen, glatt rühren und mit Limettensaft, Limettenzesten und Erythrit abschmecken. In einen Spritzbeutel geben und jeden Muffin damit verzieren.

Mandelmehl

Doppelkekse mit
Frischkäsefüllung

Für ca. 35 Stück

Für den Teig
115 g weiche Butter
115 g Birkenzucker
1 Ei
1/4 Tl Salz
270 g Haselnussmehl
3 El Kokosmehl
40 g ungesüßtes Kakaopulver
1 Tl Weinstein-Backpulver
3/4 Tl Guarkernmehl

Für die Füllung
115 g Frischkäse
(Doppelrahmstufe)
20 g weiche Butter
Mark von 1 Vanilleschote
ca. 60 g Puder-Birkenzucker

Zubereitungszeit: ca. 35 Minuten
(plus Backzeit)
Pro Stück ca. 89 kcal/373 kJ
E: 4 g, F: 6 g, KH: 6 g

Den Backofen auf 180 °C vorheizen. Ein Backblech mit Backpapier auslegen.

Für den Teig die Butter und den Birkenzucker 2 Minuten auf höchster Stufe verrühren. Das Ei und das Salz einrühren, bis sich die Zutaten vollständig vermischt haben. Alle anderen Teigzutaten dazugeben und verkneten, bis ein elastischer Teig entstanden ist.

Den Teig zwischen 2 Stücken Backpapier etwa 3 Millimeter dick ausrollen und mit einem Glasrand oder Ausstecher Kreise (4–5 cm Ø) ausstechen. Auf das Backblech legen, den restlichen Teig erneut ausrollen und ausstechen, bis der ganze Teig verbraucht ist.

Die Kekse im vorgeheizten Backofen ca. 12 Minuten backen und auf einem Kuchengitter vollständig auskühlen lassen.

Für die Füllung alle Zutaten gut verrühren, eventuell nach Geschmack nachsüßen. Jeweils 2 Kekse mit einem Klecks der Füllung zusammensetzen.

Kokosmehl

Haselnuss-
mehl

Guarkern-
mehl

Schokoladen-Cookies

Für 12 Stück

150 g gemahlene Mandeln
40 g zerlassene Butter
40 g Birkenzucker
1 Ei
Mark von 1/2 Vanilleschote
50 g dunkle Schokolade
(85 % Kakaoanteil)

Zubereitungszeit: ca. 20 Minuten
(plus Backzeit)
Pro Stück ca. 140 kcal/586 kJ
E: 4 g, F: 12 g, KH: 5 g

Den Backofen auf 150 °C vorheizen. Ein Backblech mit Backpapier auslegen.

Mandeln, Butter, Birkenzucker, Ei und Vanillemark miteinander verrühren. Die Schokolade grob hacken und in den Teig rühren.

Mithilfe eines mit Wasser benetzten Esslöffels 12 Teighäufchen auf das Backblech setzen und etwas flach streichen. Im Backofen 20–30 Minuten goldbraun backen, dann auf einem Kuchengitter auskühlen lassen.

gemahlene
Mandeln

Tipp:
Die Mandeln können Sie natürlich auch ganz oder teilweise durch Hasel- oder andere Nüsse, z.B. Paranüsse ersetzen.

Cranberry-Cookies

Für 6 Stück

50 g getrocknete Cranberries
(ohne Zuckerzusatz)
40 g gemahlene Mandeln
40 g gehackte Haselnüsse
2 El Sahne
10 g weiche Butter
1 Ei
Mark von 1/2 Vanilleschote
1 Tl Weinstein-Backpulver
ca. 40 g Erythrit
1 Prise Salz

Zubereitungszeit: ca. 10 Minuten
(plus Ruhezeit und Backzeit)
Pro Stück ca. 168 kcal/703 kJ
E: 4 g, F: 13 g, KH: 8 g

Die Cranberries fein hacken und zusammen mit allen anderen Zutaten zu einem cremigen Teig verrühren. 30 Minuten im Kühlschrank ruhen lassen.

In der Zwischenzeit den Backofen auf 180 °C vorheizen. Ein Backblech mit Backpapier auslegen.

Den Teig mit einem mit Wasser benetzten Esslöffel portionsweise auf das Backpapier geben (dabei ausreichend Platz zwischen den Cookies lassen, denn der Teig verläuft stark) und im Backofen etwa 12 Minuten goldgelb backen. Auf einem Kuchengitter auskühlen lassen.

Tipp:

Wer im Handel keine unge-zuckerten getrockneten Cran-berries findet, kann die frischen Früchte (im Supermarkt erhältlich) auch selbst trocknen. Die Beeren zuerst gut waschen, dann kurz in kochendes Wasser geben, damit die Haut aufplatzt. Anschließend an der Luft oder im Back-ofen trocknen. Einige Firmen bieten als Alternative getrocknete Cran-berries an, die mit Apfel- oder Ananasdicksaft gesüßt sind.

Cantuccini

Für 20 Stück

200 g gemahlene Mandeln
2 El Erythrit
1 Tl Guarkernmehl
1 Tl Zimt
30 g ganze Mandeln
3 Eier
1 Prise Salz

Zubereitungszeit: ca. 10 Minuten
(plus Backzeit)
Pro Stück ca. 84 kcal/352 kJ
E: 4 g, F: 7 g, KH: 1 g

Den Backofen auf 200 °C vorheizen. Ein Backblech mit Backpapier auslegen.

Gemahlene Mandeln, Erythrit, Guarkernmehl, Zimt und ganze Mandeln miteinander vermengen. Die Eier und das Salz dazugeben und alles zu einem glatten Teig verkneten.

Den Teig auf dem Backblech zu 2 Teigrollen formen und etwas flach drücken. Im Backofen etwa 15 Minuten backen. Aus dem Backofen nehmen, die Teigrollen in etwa 1 cm dicke Stücke schneiden und mit der Schnittfläche nach oben weitere 15 Minuten goldbraun-knusprig backen.

gemahlene
Mandeln

Guarkern-
mehl

Tipp:
Wer möchte,
ersetzt die ganzen
Mandeln durch
ca. 30 g Pistazien.

Vanillekipferl

Für 25 Stück

80 g weiche Butter
50 g Birkenzucker
2 Eigelb
Mark von 1 Vanilleschote
100 g Mandelmehl
50 g gemahlene Haselnüsse
1/2 Tl Weinstein-Backpulver

Außerdem
Puder-Birkenzucker zum Bestäuben

Zubereitungszeit: ca. 20 Minuten
(plus Ruhezeit und Backzeit)
Pro Stück ca. 61 kcal/255 kJ
E: 2 g, F: 5 g, KH: 3 g

Die Butter mit dem Birkenzucker verrühren, bis der Zucker gelöst ist. Das Eigelb und das Vanillemark einarbeiten. Mandelmehl, gemahlene Haselnüsse und Backpulver vermischen, zur Eigelbbutter geben und alles zu einem glatten Teig verkneten. Den Teig zu einer Rolle formen und im Kühlschrank etwa 30 Minuten ruhen lassen.

Den Backofen auf 180 °C vorheizen. Ein Backblech mit Backpapier auslegen.

Von der Teigrolle etwa 25 walnussgroße Stücke abschneiden und jedes zu einem Halbmond formen. Auf das Backblech legen und ca. 10 Minuten backen, bis die Kipferl durchgebacken, aber nur ganz leicht gebräunt sind.

Die Kipferl vorsichtig auf ein Kuchengitter legen, auskühlen lassen und mit Puder-Birkenzucker rundum bestäuben.

Mandelmehl

gemahlene
Haselnüsse

Waffeln
& Pancakes

Leckeres für Zwischendurch

Vanillequark-Waffeln

Für 6 Stück

250 g Magerquark
50 g neutrales Eiweißpulver
5 Eier
Mark von 1 Vanilleschote
2–3 El Erythrit
1 El Mandelmehl
1 Tl Weinstein-Backpulver

Außerdem
Butter für das Waffeleisen
Puder-Erythrit zum Bestäuben

Zubereitungszeit: ca. 5 Minuten
(plus Backzeit)
Pro Stück ca. 136 kcal/569 kJ
E: 15 g, F: 5 g, KH: 5 g

Mandelmehl

Quark, Eiweißpulver, Eier, Vanillemark und Erythrit verrühren. Das Mandelmehl und das Backpulver vermischen und in die Quarkmasse rühren, sodass ein glatter Teig entsteht.

Das Waffeleisen vorheizen, einfetten und nacheinander die Waffeln ausbacken. Auf einem Kuchengitter vollständig auskühlen lassen und mit Puder-Erythrit bestäuben. Dazu frisches Obst oder Kompott mit Schlagsahne servieren.

Tipp:
Je nach Saison eignen sich vor allem frische Beeren, z.B. rote und schwarze Johannisbeeren, Himbeeren und Brombeeren, aber auch Preiselbeeren. Diese kann man ganzjährig auch problemlos als TK-Ware oder im Glas kaufen.

Pancakes
mit Räucherlachs

Für 8 Stück
120 g Ricotta
4 Eier
3 El Birkenzucker
Salz
25 g Süßlupinenmehl
etwas frische Vollmilch
zum Verdünnen
4 EL Crème fraîche
1 TL Zitronensaft
Pfeffer
240 g Räucherlachs

Außerdem
Butter für die Pfanne

Zubereitungszeit: ca. 15 Minuten
(plus Backzeit)
Pro Stück ca. 101 kcal/423 kJ
E: 6 g, F: 6 g, KH: 5 g

Ricotta, Eier, 1 Esslöffel Birkenzucker und 1 Prise Salz in einer Schüssel verrühren. Das Süßlupinenmehl dazugeben und alles glatt rühren. So viel Milch einrühren, dass ein flüssiger Pfannkuchenteig entsteht.

In einer beschichteten Pfanne etwas Butter erhitzen. Etwas Teig hineingießen, den Pancake von beiden Seiten goldbraun backen und warm stellen. Aus dem restlichen Teig 7 weitere Pancakes backen. Dabei nach Bedarf jeweils etwas Butter in der Pfanne schmelzen. Die fertigen Pancakes warm stellen.

Die Crème fraîche mit dem Zitronensaft verrühren und mit Salz und Pfeffer abschmecken.

Die Pancakes mit der Crème fraîche und dem Räucherlachs servieren. Gegebenenfalls nochmals abschmecken.

Süßlupinen-
mehl

Mandelpfannkuchen

Für 12 Stück

4 Eier
60 g Birkenzucker
300 ml Milch
200 g Mandelmehl
1 Tl Weinstein-Backpulver
1 Prise Salz

Außerdem
Kokosöl für die Pfanne
Birkenzucker zum Bestreuen
oder Low-Carb-Marmelade
zum Bestreichen

Zubereitungszeit: ca. 20 Minuten
(plus Backzeit)
Pro Stück ca. 111 kcal/465 kJ
E: 11 g, F: 4 g, KH: 7 g

Mandelmehl

Die Eier trennen und das Eiweiß beiseitestellen. Das Eigelb mit Birkenzucker, Milch, Mandelmehl und Backpulver zu einem glatten Teig verrühren. Das Eiweiß mit dem Salz steif schlagen und unter den Teig heben.

In einer beschichteten Pfanne etwas Kokosöl erhitzen. Etwas Teig mit einem Löffel in die Pfanne geben und den Pfannkuchen von beiden Seiten goldbraun backen. Mit dem restlichen Teig ebenso verfahren. Die fertigen Pfannkuchen jeweils warm stellen. Mit Birkenzucker bestreut oder einer Low-Carb-Marmelade bestrichen servieren.

Tipp:

Für die Low-Carb-Ernährung besonders geeignet sind – je nach Jahreszeit – Marmeladen aus Rhabarber, Himbeeren, Brombeeren, Heidelbeeren oder frischen Cranberries. Low-Carb-Gelierzucker ist in Drogerie- oder Bio- und Naturkostläden erhältlich.

Pfannenschmarrn
mit Orangenjoghurt

Für 2 Portionen

Für den Orangenjoghurt
200 g griechischer Joghurt
20 ml frisch gepresster Orangensaft
abgeriebene Schale von
1 unbehandelten Orange

Für den Schmarrn
2 Eier
1–2 El Birkenzucker
Mark von 1 Vanilleschote
100 g Mandelmehl
175 ml Mandelmilch
15 g neutrales Eiweißpulver
1 Prise Salz

Außerdem
Butter für die Pfanne

Zubereitungszeit: ca. 20 Minuten
(plus Backzeit)
Pro Portion ca. 450 kcal/1883 kJ
E: 46 g, F: 18 g, KH: 20 g

Mandelmehl

Für den Orangenjoghurt alle Zutaten gut miteinander verrühren und dann sofort kühl stellen.

Für den Schmarrn die Eier trennen und das Eiweiß zu steifem Schnee schlagen. Dabei den Birkenzucker nach und nach einrieseln lassen.

Das Vanillemark mit dem Eigelb verquirlen. Mandelmehl, Mandelmilch, Eiweißpulver und Salz dazugeben und alles gut verrühren. Den Eischnee unter den Teig heben.

Die Butter in einer beschichteten Pfanne auf mittlerer Hitze erhitzen. Den Teig in die Pfanne gießen und backen. Wenn die Unterseite goldbraun ist, den Schmarrn mithilfe von zwei Gabeln in Stücke reißen, die Stücke wenden und diese goldbraun fertig backen. Den Orangenjoghurt dazu reichen.

Tipp:
Wer es auch etwas herber bzw. weniger fruchtig mag, nimmt statt Orangensaft und -schale eine Limette. Es sollte jedoch nicht nachgesüßt werden!

Haselnusswaffeln

Für 4 Stück

3 Eier
1 Prise Salz
3 El Erythrit
Mark von 1 Vanilleschote
60 ml Sahne
20 g zerlassene Butter
90 g gemahlene Haselnüsse
1 Tl Weinstein-Backpulver

Außerdem
Butter für das Waffeleisen
Puder-Erythrit zum Bestäuben

Zubereitungszeit: ca. 10 Minuten
(plus Backzeit)
Pro Stück ca. 292 kcal/1222 kJ
E: 8 g, F: 26 g, KH: 5 g

gemahlene
Haselnüsse

Die Eier trennen und das Eiweiß mit dem Salz steif schlagen. Das Eigelb mit dem Erythrit und dem Vanillemark weißcremig verrühren. Die Sahne und die Butter einrühren.

Die Haselnüsse mit dem Backpulver vermengen und unter die Eimasse rühren, bis ein glatter Teig entsteht. Zuletzt den Eischnee unterheben.

Das Waffeleisen vorheizen, gut einfetten und nach und nach die Waffeln ausbacken. Auf Kuchengittern vollständig auskühlen lassen und anschließend mit Puder-Erythrit bestäuben.

Tipp:
Eine fruchtig-frische Note bekommen die Waffeln, wenn Sie einen kleinen geriebenen Apfel unter den Teig mischen.

Heidelbeerpfannkuchen

Für 8 Stück

125 g Heidelbeeren
120 g Frischkäse
(Doppelrahmstufe)
4 Eier
60 g Birkenzucker
1 Tl Zimt

Außerdem
Butter für die Pfanne
200 ml Sahne
Birkenzucker für die Sahne

Zubereitungszeit: ca. 15 Minuten
(plus Ruhezeit und Backzeit)
Pro Stück ca. 178 kcal/745 kJ
E: 5 g, F: 14 g, KH: 10 g

Die Heidelbeeren waschen, verlesen und abtropfen lassen. Frischkäse, Eier, Birkenzucker und Zimt zu einem glatten Teig verrühren und 30 Minuten ruhen lassen.

Etwas Butter in einer beschichteten Pfanne zerlassen und 1/8 des Teigs in die Pfanne geben. 1/8 der Heidelbeeren in den feuchten Teig legen, den Pfannkuchen von beiden Seiten goldbraun backen und warm stellen. Den restlichen Teig ebenso verbacken und die fertigen Pfannkuchen warm stellen.

Die Sahne steif schlagen, mit etwas Birkenzucker süßen und zu den warmen Pancakes servieren.

Tipp:
Wer gerne auf Sahne verzichten möchte, nimmt einfach Naturjoghurt (Fettstufe 3,5%) und püriert ihn mit einigen Heidelbeeren. Eventuell mit wenig Birkenzucker nachsüßen.

Abkürzungen

ca.= zirka

cm = Zentimeter

E = Eiweiß

El = Esslöffel

F = Fett

g = Gramm

kcal = Kilokalorien

KH = Kohlenhydrate

kJ = Kilojoule

l = Liter

ml = Milliliter

Msp. = Messerspitze

TK = Tiefkühlprodukt

Tl = Teelöffel

Maße

1/2 TL = 2,5 ml

1 TL = 5 ml

1 EL = 10 ml

Backofentemperaturen

Die Backofentemperaturen in diesem Buch beziehen sich auf einen Elektroherd mit Ober- und Unterhitze.
Falls Sie mit Umluft arbeiten, reduzieren Sie die Temperatur um 20 °C.
Wenn nicht anders angegeben, die mittlere Einschubleiste zum Backen verwenden.

Autorin

Anne Peters

Bildnachweis

Rezeptfotos: TLC Fotostudio
Sonstige Fotos: Fotolia.com: © Subbotina Anna (S. 6), © Maik Dörfert (S. 12 o.), © aneta_gu (S. 12 u.),
© Jiri Hera (S. 13 o.), © Alex Tihonov (S. 17); © Colourbox.de: S. 11, 14, 15, 16
Illustrationen: Elisabeth Galas (Icons)